# Orações Selecionadas
## por cura, libertação e intercessão

Reinalda Delgado dos Reis e
Reinaldo Beserra dos Reis

# *Orações Selecionadas*
## *por cura, libertação e intercessão*

ministério de oração por cura,
libertação e intercessão da
comunidade 2 corações

101ª edição
*revista e atualizada*
São Paulo, 2022

# Edições Fons Sapientiae
*um selo da Distribuidora Loyola*

| | |
|---|---|
| Direitos: | © 2019 Distribuidora Loyola de Livros Ltda |
| Título: | Orações Selecionadas: por cura, libertação e intercessão |
| ISBN: | 978-85-63042-64-4 |
| Fundador: | Jair Canizela (1941-2016) |
| Diretor Geral: | Vitor Tavares |
| Coordenador: | Rogério Reis Bispo |
| Organizadora: | Reinalda Delgado dos Reis |
| Revisão: | Reinaldo Beserra dos Reis e Maurício Pagotto Marsola |
| Projeto Gráfico: | Diego de Castro |
| Imagem da capa | "Pietro Liberato Dal Carcere" - Rafaello, Vaticano |

**Dados Internacionais de Catalogação na Publicação (CIP)**
**(Câmara Brasileira do Livro, SP, Brasil)**

---

Orações selecionadas : por cura, libertação e intercessão
[organizadora: Reinalda Delgado do Reis].

101. ed. -- São Paulo : Edições Fons Sapientiae, 2022.

ISBN 978-85-63042-64-4

1. Catolicismo 2. Espiritualidade 3. Orações
4. Prática religiosa 5. Vida cristã I. Reis,
Reinalda Delgado dos.

18-22240                                                       CDD-242.2

**Índices para catálogo sistemático:**

1. Orações : Vida cristã : Cristianismo 242.2

Edições Fons Sapientiae
é um selo da Distribuidora Loyola de Livros
Rua Lopes Coutinho, 74 - Belenzinho 03054-010 São Paulo - SP
T 55 11 3322 0100 | editorial@FonsSapientiae.com.br
www.FonsSapientiae.com.br

Todos os direitos reservados. Nenhuma parte desta obra pode ser reproduzida ou transmitida por qualquer forma ou quaisquer meios (eletrônico ou mecânico, incluindo fotocópias e gravação) ou arquivada em qualquer sistema ou banco de dados sem permissão escrita

*Nihil Obstat*

Pe. João Carlos Orsi - Censor

Sorocaba, 12 de abril de 1999

*Imprimatur*

D. José Lambert - Arcebispo Metropolitano
Sorocaba, 12 de abril de 1999

Sorocaba, 10 de abril de 1999

+ José Lambert

## SUMÁRIO

Prefácio à segunda edição ..................................................13
Apresentação ......................................................................15
Orientações ........................................................................16
Passos para profunda libertação pessoal ..........................17
Orações de autoridade ......................................................19
1. Rosário de Nossa Senhora ..........................................25
2. Terço da Cruzada ........................................................28
3. Ladainha de Nossa Senhora ......................................29
4. Coroa das glórias da Virgem Maria............................33
5. Oração de consagração ..............................................36
6. Ladainha ao Imaculado Coração de Maria ...............37
7. Ato de Consagração ao Imaculado Coração de Maria .................................................................... 40
8. Terço das Lágrimas de Sangue de Maria, Rosa Mística................................................................ 40
9. Terço da Chama de Amor ..........................................42
10. Oração a Nossa Senhora do Desterro .......................42
11. Nossa Senhora Rainha dos Anjos ..............................44
11A. Oração a Nossa Senhora desatadora dos nós ......44
11B. Maria, aquela que desata os nós............................46
12. Oração a São Miguel Arcanjo ....................................47
13. Rosário de São Miguel Arcanjo ..................................47

14. Oração dos Santos Anjos .................................................. 51
15. Súplica Ardente aos Santos Anjos ............................... 53
16. São Miguel Arcanjo ........................................................ 58
17. São Gabriel Arcanjo ....................................................... 58
18. São Rafael Arcanjo ......................................................... 59
19. Anjos Poderosos ............................................................ 59
20. Santo Anjo da Guarda ................................................... 61
20A. Santos anjos da guarda dos filhos ............................. 62
21. Ladainha do Arcanjo Rafael ........................................ 64
22. Oração ao Arcanjo São Rafael .................................... 66
22A. Oração ao Arcanjo São Rafael ................................... 66
23. Ladainha dos Santos Anjos ......................................... 67
24. Oração a São José .......................................................... 72
25. Ladainha a São José ...................................................... 73
26. Oração a São José .......................................................... 75
27. Terço da Providência .................................................... 76
28. Oração ao Eterno Pai .................................................... 78
29. Abandono em Deus ....................................................... 80
30. Terço da Misericórdia Divina ..................................... 80
31. Louvores à Misericórdia Divina ................................. 81
31A. Terço da Sagrada Face ................................................. 85
32. Oração a Jesus Cristo .................................................... 85
33. Oração reparadora ao Santíssimo Sacramento ..... 87

| | | |
|---|---|---|
| 34. | Terço da Confiança | 89 |
| 35. | Ladainha do Preciosíssimo Sangue | 91 |
| 36. | Louvor às Chagas e ao Sangue do Cordeiro | 94 |
| 36A. | Consagração ao Preciosíssimo Sangue de Jesus | 96 |
| 37. | Rosário das Santas Chagas | 97 |
| 38. | Terço do amor | 98 |
| 39. | Petição de Misericórdia pelas almas | 99 |
| 40. | Terço pelas almas e por todos os sacerdotes e religiosos | 100 |
| 41. | Oração de Santa Teresinha | 103 |
| 42. | Oração da Vitória | 103 |
| 43. | Oração de Batalha | 106 |
| 44. | Vinde, Espírito Santo | 108 |
| 45. | Ladainha ao Divino Espírito Santo | 109 |
| 46. | Espírito Santo, revelai-nos Jesus | 112 |
| 47. | Hino ao Espírito Santo | 113 |
| 48. | Vem, Espírito Santo, inundai-nos! | 115 |
| 49. | Coroa do Espírito Santo | 117 |
| 50. | Consagração ao Espírito Santo | 118 |
| 51. | Terço da libertação simples | 120 |
| 52. | Terço da renúncia e libertação | 120 |
| 52A. | Renúncia às heranças negativas | 122 |
| 53. | Oração pedindo a armadura de Deus | 124 |

| | | |
|---|---|---|
| 53A. | Oração de renúncia | 125 |
| 54. | Oração de confissão e renúncia | 127 |
| 54A. | Renúncia ao mal e renovação das promessas do batismo | 129 |
| 55. | Oração intercedendo pela cura interior de alguém | 134 |
| 55A. | Oração pela cura interior e física | 135 |
| 56. | Oração para pedir a cura interior | 138 |
| 57. | Oração pela conversão e libertação | 140 |
| 57A. | Oração para cura de traumas | 141 |
| 58. | Oração de quebra de maldição | 142 |
| 59. | Oração para libertação de julgo hereditário | 143 |
| 60. | Oração de bênção por intercessão de alguém | 145 |
| 60A. | Bênção de lugares tumultuados | 146 |
| 61. | Oração para cortar os laços do passado | 147 |
| 62. | Oração de Libertação | 148 |
| 63. | Oração contra todos os males | 150 |
| 64. | Oração da Queima | 151 |
| 65. | Oração de resistência | 153 |
| 66. | Oração contra o mal | 154 |
| 67. | Oração pela vitória | 155 |
| 68. | Oração de São Bento | 157 |
| 69. | Oração em tempo de combate espiritual | 158 |
| 70. | Oração pelos doentes | 164 |

71. Oração pela pátria .................................................166
72. Oração de exorcismo ............................................167
73. Oração do perdão .................................................174
74. Ladainha do perdão ..............................................181
75. Tocai, curai e restaurai .........................................188
75A. Oração para pedir a cura da árvore genealógica ......189
76. Peço perdão por eles, Senhor! ..............................190
77. Jesus é o Senhor ..................................................191
78. Cura no casamento ...............................................193
79. Cura das crianças .................................................194
79A. Oração por uma criança abortada .......................195
80. Cura sexual ..........................................................196
81. Cura de hábitos compulsivos ................................197
82. Cura mental .........................................................198
83. Cura dos medos ...................................................199
84. Senhor, fazei de nós uma família ..........................201
85. Cura de todas as doenças .....................................202
86. Cura das injustiças pela misericórdia ....................203
87. Servir a um só Deus .............................................204
88. Cura da dor de ser diferente .................................205
89. Cura da língua .....................................................206
90. Cura da depressão ...............................................206
91. Cura para uma morte feliz ....................................208

| | | |
|---|---|---|
| 92. | Cura através da humildade | 209 |
| 93. | Oração de purificação | 210 |
| 94. | Cura da insônia | 211 |
| 95. | Oração para cura física | 212 |
| 96. | Oração para cura espiritual | 214 |
| 97. | Oração para pedir a fé | 216 |
| 98. | Oração a Nossa Senhora do Equilíbrio | 218 |
| 99. | Vinde, Espírito Santo | 219 |
| 100. | Vinde, Espírito | 220 |
| 101. | A Hora do *Angelus* | 221 |

## *PREFÁCIO À SEGUNDA EDIÇÃO*

"É pela oração dos cristãos que o mundo mantém-se em pé", dizia, há muito tempo, Aristides, o Apologeta. Certamente não será tarefa fácil dimensionar "o quanto" a oração é responsável pela sustentação do mundo. A todo aquele, porém, envolvido na graça e na prática de uma vida pessoal e comunitária de oração, Deus tem revelado com prodigalidade o alcance inimaginável dos seus efeitos.

Deus tem sido fiel às suas promessas, e a cada instante maravilhamo-nos com o testemunho de vidas e mais vidas, famílias e mais famílias que, redescobrindo ou aprofundando a prática de colocar-se num processo de intensa comunhão amorosa com Ele, por meio da oração, experimentam o milagre da libertação e da transformação de situações humanamente consideradas "impossíveis", resgatando para a vida a plenitude de seu sentido e a coragem de enfrentar com altivez e determinação suas vicissitudes e dificuldades.

Este livreto, de uso já tão corrente em ambientes da Renovação Carismática, tem ajudado a muitos na consideração do poder da oração, além de incentivar e enriquecer um vocabulário que é peculiar aos que se dedicam a este ministério de cura, libertação e intercessão.

Já se disse — com muita propriedade — que a tarefa da oração é criar espaço vital para a ação do Espírito Santo em nós. Que não Lhe falte nunca, em nossas vidas, esse espaço, a fim de que o nosso agir seja sempre marcado pelos Seus frutos (cf. Gl 5,22). **Amém!**

**Reinaldo Beserra dos Reis**
Presidente do Conselho Nacional da R.C.C. do Brasil,
*na Festa de Nossa Senhora de Lourdes* Fevereiro/2001

## *APRESENTAÇÃO*

Amados irmãos,

Nós, da Secretaria Rafael da Arquidiocese de Sorocaba, compilamos este material de *orações específicas* para aqueles que estão sendo conduzidos pelo Espírito de Deus num processo pessoal *de cura e libertação*, e que também desejam *interceder* para que o Senhor realize plenamente Sua obra nas vidas de muitos de nossos irmãos.

Embora já encontradas em outros livros devocionais (como, por exemplo: *Orações de Poder I e II* da *Comunidade Jesus te ama*; *Perseverai na oração* da Comunidade do Imaculado Coração de Maria, nos escritos de Madre Basilea Schlink, em livros de Pe. Robert De Grandis, de Pe. Gabrielle Amorth etc.), reunimos aqui estas orações, na intenção de que sirvam como material útil e adequado a esta Secretaria que a R.C.C. vem implantando.

Oramos para que este livreto realmente atinja os objetivos a que se propõe, esteja em plena comunhão com a vontade do Senhor e torne-se poderoso instrumento de edificação da Igreja. E que Deus abençoe a todos os que, inspiradamente, escreveram estas orações.

## ORIENTAÇÕES

Em nosso ministério pela *Secretaria Rafael* da R.C.C. da Arquidiocese de Sorocaba, temos tido a oportunidade de acolher, ouvir e aconselhar muitos irmãos e irmãs que, buscando um caminho de santidade e vida de oração mais intensa e profunda, e buscando a própria salvação e a salvação de todos aqueles com quem convive, vêm enfrentando diversas barreiras que acabam por impedi-los de experimentar a plenitude de vida que o Senhor Jesus nos traz. Este combate é real, porém temos a vitória garantida pelo poder do Nome de Jesus e de Seu Sangue preciosíssimo (Rm 8,37).

Por invocarmos a luz do Deus Amor, o Espírito Santo, seus dons e graças, possibilitamos que Ele nos venha dar o discernimento, para atacarmos de frente todos os males que nos atingem. Assim, neste livreto, indicamos *orações de autoridade* que temos experimentado em nossas próprias vidas e na destes irmãos, com resultados maravilhosos. Quando vivenciamos estes *passos,* e permanecemos em união íntima com o Senhor na Santa Palavra, na Eucaristia e em todos os demais Sacramentos, presenciamos sinais, prodígios e milagres, Pois Jesus é o mesmo "ontem, hoje e eternamente" (Hb 13,8).

Medite sobre eles e procure vivenciá-los.

## *PASSOS PARA PROFUNDA LIBERTAÇÃO PESSOAL*

**1. Vida de arrependimento contínuo** — manifesta em exame de consciência diário, confissões frequentes, atos de reparação.

**2. Vida de reconciliação** — com atitudes de pedir e dar o perdão, desvencilhando-se de laços de inimizade, de separação ou qualquer forma de ruptura, em qualquer nível de relacionamento.

**3. Vida de louvor** — exercitada diariamente e sem cessar.

**4. Vida de oração profunda** — que vai se intensificando gradativamente.

As orações com certeza o ajudarão na perseverança e também na vigilância tão pedida por Jesus a todos nós.

Importa que cada um procure caminhar na vida de oração pessoal cada dia com seriedade e disciplina, ou sempre que possível, reunindo-se com outros irmãos.

Também a *Secretaria Moisés* da R.C.C. da Arquidiocese de Sorocaba, juntamente com a Secretaria Rafael, tem a alegria de poder reunir aqui as orações que vem considerando prioritárias para os momentos de oração intercessora, realizados pelos grupos de Intercessão ligados aos seus Grupos de Oração.

Elas são um enriquecimento à vida de oração pessoal e um precioso auxílio no discernimento de quais orações devemos fazer, quando nos reunimos para orar intensamente pela conversão, cura e libertação de nossos irmãos.

E também, num aspecto mais amplo, nos auxilia a suplicarmos de modo mais propício diante do trono de nosso Deus, pelas intenções de nossas Equipes de trabalhos apostólicos.

É ainda intenção deste livreto fazer com que cada intercessor se sinta fortalecido pelo Espírito Santo de Deus, "ele que vem em auxílio à nossa fraqueza; porque não sabemos o que devemos pedir, nem orar como convém. E Jesus, que perscruta os corações, sabe o que deseja o Espírito, o qual intercede pelos santos, segundo Deus" (Rm 8,26-28), e assim permaneça neste combate espiritual.

Confiando na misericórdia infinita do Sagrado Coração de Jesus, e na poderosa intercessão da Santíssima Virgem, de seus Anjos e de seus Santos, nos tornemos testemunhas vivas do amor e do poder do nosso Deus. Toda a honra, a glória e a exaltação ao Senhor nosso Deus. Amém. Aleluia!

Com carinho,

*Reinalda Delgado dos Reis*
Secretaria Rafael — outubro de 1999
Renovação Carismática Católica Arquidiocese de Sorocaba

## ORAÇÕES DE AUTORIDADE

**1. De proteção ou revestimento**

Lemos no n.º 2819 do Catecismo da Igreja Católica: "Os últimos tempos, que estamos vivendo, são os tempos da efusão do Espírito Santo. Trava-se, por conseguinte, um combate decisivo entre a carne e o Espírito". Diante desta afirmação, reconhecemos que precisamos nos revestir e proteger para orarmos no poder do Espírito e proclamarmos realmente a vitória do Senhor em nossas vidas. Temos, assim, algumas orações, tais como:

— a recitação dos Salmos da Escritura.

— a recitação do Cântico do **Magnificat** (Lc 1,46-55); do **Benedictus** (Lc 1,68-79).

— as Ladainhas — a Armadura de Deus (Ef 6,10-20).

— as Consagrações (ao Coração unido de Jesus e de Maria, ao Espírito Santo...).

— a Oração a Nossa Senhora Rainha dos Anjos.

— a invocação do Coro dos Anjos.

— a oração de Abandono em Deus, etc.

## 2. De Libertação

Podemos também ler no Catecismo: "O Mal não é uma abstração, mas designa uma pessoa, satanás, o Maligno, o anjo que se opõe a Deus. O 'diabo', é aquele que 'atravessa' o plano de Deus e de sua 'obra de salvação' realizado em Cristo" (n. 2851). Ele nos tenta, persegue, oprime, e às vezes de tal forma, que nos sentimos impossibilitados de reagir a seus ataques. Precisamos constantemente de libertação, seja física, emocional, psicológica ou espiritual. A oração nos faz entrar em combate, até que a vitória sobre o "príncipe deste mundo" seja alcançada definitivamente.

### a) dos pecados.

— Oração de Vitória e Oração de Batalha.

— Louvor às Chagas e ao Sangue do Cordeiro.

— Oração de confissão e renúncia.

— Oração de cura pela da humildade.

— Oração intercedendo pela cura e libertação de alguém, etc.

### b) de práticas pessoais de ocultismo.

— Terço da Renúncia e Renovação das Promessas do Batismo.

— Terço da libertação simples.

— Oração de quebra de maldição, etc.

c) **de amarras de antepassados.**

— Libertação do jugo hereditário.

— Oração para cortar os laços do passado.

— Jesus é o Senhor.

— Cura: no casamento, sexual, das crianças, de hábitos compulsivos, etc.

d) **de satanás.**

— Oração em tempo de combate espiritual

— Oração de exorcismo

— Oração de poder pelo fogo: a queima, etc.

### 3. De Intercessão

Precisamos reconhecer cada dia mais nossa necessida-de de **vigiar na oração**, o que se entende também, por "colocar-se na abertura" (cf. Ez 22,30) para que nenhum mal possa nos atingir, e possa não prejudicar a ninguém por quem oramos. E que esta intercessão seja diária, contínua, fervorosa, ousada na fé, perseverante, simples, espontânea, sem pressa. Entre tantas, destacamos:

— o Rosário ou o Santo Terço de Nossa Senhora

— outros "Terços", como: das Santas Chagas, da Chama de Amor, da Misericórdia, a Coroa do Espírito Santo

— Orações específicas para intercessão: pela Conversão e Libertação de alguém, pela Cura Interior, de Bênção, etc.

— Novenas: à Nossa Senhora, aos Anjos, aos Santos de Devoção, ao Espírito Santo. Caminhando sob a luz do Espírito, veremos todas as trevas que nos envolvem se dissiparem e estaremos renovados para sermos testemunhas autênticas da misericórdia e do poder do Senhor. Aleluia!

# *Orações Selecionadas*

# 1. ROSÁRIO DE NOSSA SENHORA

## Oferecimento

"Divino Jesus, nós vos oferecemos este Terço que vamos rezar, meditando nos mistérios da nossa redenção. Concedei-nos, por intercessão da Virgem Maria, Mãe de Deus e nossa Mãe, as virtudes que nos são necessárias para bem rezá-lo e as graças de ganharmos as indulgências desta santa devoção.

Oferecemos particularmente em desagravo dos pecados cometidos contra o Santíssimo Coração de Jesus e o Imaculado Coração de Maria, pela paz do mundo, pela conversão dos pecadores, pelas almas do Purgatório, pelas intenções do santo padre, o Papa, pelo aumento e santificação do clero, pelo nosso vigário, pela santificação das famílias, pelas missões, pelos doentes, pelos agonizantes, por aqueles que pediram as nossas orações, por todas as nossas intenções particulares e pelo nosso Brasil."

Em seguida, segurando a Cruz do Terço, reza-se o Credo.

Depois, em homenagem à Santíssima Trindade, reza-se um Pai-nosso, três Ave-Marias e um Glória ao Pai.

A seguir enuncia-se o mistério a ser contemplado, rezando um Pai-nosso, dez Ave-Marias e um Glória, seguido da jaculatória:

**"Ó meu Jesus, perdoai-nos, livrai-nos do fogo do inferno, levai as almas todas para o céu e socorrei principalmente as que mais precisarem".**

*Mistérios Gozosos*

*(Segundas e Sábados)*

1º) A anunciação do Anjo Gabriel a Nossa Senhora.

2º) A visita de Nossa Senhora à sua prima Santa Isabel.

3º) O nascimento de Jesus em Belém.

4º) A apresentação do Menino Jesus no templo.

5º) O encontro de Jesus no templo entre os doutores da lei.

*Mistérios Dolorosos*

*(Terças e Sextas)*

1º) A agonia mortal de Jesus no Horto das Oliveiras.

2º) A flagelação de Jesus atado à coluna.

3º) A coroação de espinhos de Jesus por seus algozes.

4º) A subida dolorosa do Calvário.

5º) A crucificação de Jesus.

*Mistérios Gloriosos*

*(Quartas e Domingos)*

1º) A ressurreição de Nosso Senhor Jesus Cristo.

2º) A ascensão gloriosa de Jesus Cristo ao Céu.

3º) A descida do Espírito Santo sobre os Apóstolos.

4º) A assunção gloriosa de Nossa Senhora ao Céu.

5º) A Coroação de Nossa Senhora no Céu.

*Mistérios da Luz*

*(Quintas)*

1º) Batismo de Jesus no Rio Jordão.

2º) Nas bodas de Canaã, Jesus transforma água em vinho.

3º) Anúncio do Reino de Deus e convite à conversão.

4º) A transfiguração de Jesus no Monte Tabor.

5º) A instituição da Eucaristia.

*Agradecimento*

Infinitas graças vos damos, Soberana Rainha, pelos benefícios que todos os dias recebemos de vossas mãos liberais.

Dignai-vos, agora e para sempre, tomar-nos debaixo do vosso poderoso amparo e para mais vos obrigar, vos saudamos com uma Salve-Rainha:

Salve-Rainha, Mãe de Misericórdia, vida, doçura, esperança nossa, salve. A vós bradamos, os degredados filhos de Eva, a vós suspiramos gemendo e chorando neste vale de lágrimas. Eia, pois, Advogada nossa, esses vossos olhos misericordiosos a nós volvei: e depois deste desterro mostrai-nos Jesus, bendito fruto do vosso ventre ó Clemente, ó Piedosa, ó Doce, sempre Virgem Maria.

Rogai por nós, Santa Mãe de Deus.

Para que sejamos dignos das promessas de Cristo. Amém!

## 2. TERÇO DA CRUZADA

(Como arma contra os poderes infernais)

**Creio em Deus Pai... 3 Ave-Marias...**

**Glória ao Pai...**

NA PRIMEIRA DEZENA **contemplamos como Jesus nos deu um exemplo brilhante na luta contra satanás e seu reino.**

**Pai-nosso, 10 Ave-Marias e Glória ao Pai.**

Ao final de cada dezena, reza-se este exorcismo:

"Levante-se Deus, por intercessão da Bem-aventurada Virgem Maria, de São Miguel Arcanjo, de todas as milícias celestes e sejam dispersos seus inimigos e fujam de sua face todos os que O odeiam, em Nome do Pai, e † do Filho, e do Espírito Santo. **Amém!**"

NA SEGUNDA DEZENA **contemplamos como Jesus venceu a morte e o inferno pela sua paixão e morte na cruz.**

NA TERCEIRA DEZENA **contemplamos a Cruz de Cristo, que se tornou um sinal de terror para satanás.**

NA QUARTA DEZENA **contemplamos como Jesus deu à Virgem Maria a força de esmagar a cabeça da serpente infernal.**

NA QUINTA DEZENA **contemplamos como Jesus deu à Virgem Maria o poder sobre satanás por todos os tempos.**

## *3. LADAINHA DE NOSSA SENHORA*

Senhor, **tende piedade de nós.**

Jesus Cristo**, tende piedade de nós.**

Senhor, **tende piedade de nós.**

Jesus Cristo, **ouvi-nos.**

Jesus Cristo, **atendei-nos.**

Deus, Pai dos céus **tende piedade de nós.**

Deus Filho, Redentor do mundo...

Espírito Santo, que sois Deus...

Santíssima Trindade, que sois um só Deus...

Santa Maria, **rogai por nós.**

Santa Mãe de Deus...

Santa Virgem das virgens...

Mãe de Jesus Cristo...

Mãe da divina graça...

Mãe puríssima...

Mãe castíssima...

Mãe Imaculada...

Mãe intacta...

Mãe amável...

Mãe admirável...

Mãe do bom conselho...

Mãe do Criador...

Virgem prudentíssima...

Virgem venerável...

Virgem louvável...

Virgem poderosa...

Virgem clemente...

Virgem fiel...

Espelho de justiça...

Sede de sabedoria...

Causa da nossa alegria...

Vaso espiritual...

Vaso honorífico...

Vaso insigne de devoção...

Rosa mística...

Torre de Davi...

Torre de marfim...

Casa de ouro...

Arca da aliança...

Porta do Céu...

Estrela da manhã...

Saúde dos enfermos...

Refúgio dos pecadores...

Consolação dos aflitos...

Auxílio dos cristãos...

Rainha dos Anjos...

Rainha dos patriarcas...

Rainha dos profetas...

Rainha dos apóstolos...

Rainha dos mártires...

Rainha dos confessores...

Rainha das virgens...

Rainha de todos os santos...

Rainha concebida sem pecado original...

Rainha elevada ao Céu...

Rainha do santo Rosário...

Rainha da paz...

Cordeiro de Deus que tirais o pecado do mundo...

**Perdoai-nos, Senhor.**

Cordeiro de Deus que tirais o pecado do mundo...

**Ouvi-nos, Senhor.**

Cordeiro de Deus que tirais o pecado do mundo...

**tende piedade de nós, Senhor.**

Rogai por nós, Santa Mãe de Deus,

**para que sejamos dignos das promessas de Cristo. Amém!**

**Oremos:** Concedei a vossos servos, nós vo-lo pedimos, Senhor Deus, que possamos sempre gozar da saúde da alma e do corpo, e pela gloriosa intercessão da bem-aventurada Virgem Maria, sejamos livres da tristeza e alcancemos a eterna alegria. Por Cristo, Nosso Senhor. **Amém!**

## 4. COROA DAS GLÓRIAS DA VIRGEM MARIA

**Credo, Pai-nosso e Ave-Maria.**

Bendizemos-te, Santíssima Virgem, pela tua Imaculada Conceição! Livrai-nos de todo pecado e guardai o nosso coração para Deus *(Ave-Maria)*.

Bendizemos-te, Santíssima Virgem, pela tua virgindade perpétua! Por esse mérito, conserva a nossa alma pura e casta para nela receber Jesus e a Senhora *(Ave-Maria)*.

Bendizemos-te, Santíssima Virgem, pela tua maternidade divina! És a Mãe Santa do Deus Altíssimo. Concedei-nos a graça de sermos filhos fiéis do Senhor *(Ave-Maria)*.

Bendizemos-te, Santíssima Virgem, porque és a predileta filha de Deus, "bendita entre todas as mulheres", a "cheia de graça"! Dá-nos ser sempre repletos da graça de Deus **(Pai-nosso, Ave-Maria e Glória ao Pai).**

Bendizemos-te, Santíssima Virgem, esposa fiel do Espírito Santo que gerou Jesus em ti! Concedei-nos a graça de sermos renovados pelo Espírito do Senhor e repletos dos Seus dons e frutos *(Ave-Maria)*.

Bendizemos-te, Santíssima Virgem, pois esmagaste satanás sob os teus pés e todas as heresias em todos os tempos. Livrai-nos, Mãe Santíssima, das seduções, tentações e ciladas do inimigo *(Ave-Maria)*.

Bendizemos-te, Santíssima Virgem, pela submissão de Jesus a ti, na terra e no céu. Concedei-nos a graça da filial submissão a Deus e a ti *(Ave-Maria)*.

Bendizemos-te, Santíssima Virgem, porque és a medianeira de todas as graças. És o caminho escolhido por Deus para vir a nós. És também o caminho pelo qual devemos ir a Deus. Dai-nos a graça da salvação **(Pai-nosso, Ave-Maria e Glória ao Pai).**

Bendizemos-te, Santíssima Virgem, porque és a Mãe da Igreja e nossa Mãe. Jesus entregou-te a nós aos pés da cruz, na hora da morte. Gerai-nos em ti para Jesus e gera Jesus em nós *(Ave-Maria)*.

Bendizemos-te, Santíssima Virgem, pela tua ressurreição e assunção ao céu de corpo e alma. Prepara-nos um lugar no céu junto de Jesus e de ti *(Ave-Maria)*.

Bendizemos-te, Santíssima Virgem, por tua coroação no céu pela Santíssima Trindade como Rainha do céu e da terra. Queremos ser servos perpétuos de Jesus por meio de ti *(Ave-Maria)*.

Bendizemos-te, Santíssima Virgem, por todas as tuas glórias e méritos, mais numerosos que as estrelas do céu. És o modelo da santidade, o espelho da justiça, a sede da sabedoria, a causa da nossa alegria, o vaso espiritual, o vaso honorífico, a casa de ouro, a porta do céu, o refúgio dos pecadores, a consolação dos aflitos, o auxílio dos cristãos... Dá-nos a tua bênção! **(Glória ao Pai, *Magnificat* e Salve-Rainha).**

**Oremos:** Ave, Maria, Filha de Deus Pai. Ave, Maria, Mãe de Deus Filho. Ave, Maria, Esposa do Espírito Santo. Ave, Maria, templo da Santíssima Trindade. Ave, Maria, Senhora minha, meu bem, meu amor. Rainha do meu coração, Mãe, vida, doçura e esperança minha, muito querida, meu coração e minha alma.

Sou todo vosso, e tudo o que possuo é vosso, ó Virgem sobre todos bendita. Estejas, pois, em minha alma, para engrandecer o Senhor; estejais em mim o vosso espírito, para rejubilar em Deus. Colocai-vos, ó Virgem fiel, como selo sobre o meu coração, para que, em vós e por vós, seja eu achado fiel a Deus. Concedei, ó Mãe da misericórdia, que me encontre no número dos que amais, ensinais, guiais, sustentais e protegeis como filhos. Dizei para que eu, por vosso amor, despreze todas as consolações da terra e aspire só às celestes; até que, para a glória do Pai, Jesus Cristo, vosso Filho, seja formado em mim pelo Espírito Santo — vosso esposo fidelíssimo —; e por vós, Sua esposa muito fiel. Assim seja.

## 5. ORAÇÃO DE CONSAGRAÇÃO

Maria, rainha do céu e da terra, filha predileta do Pai, mãe do Filho de Deus, esposa imaculada do Espírito Santo, admiro e louvo o vosso privilégio, único no mundo, pois, agradando a Deus pela vossa humildade, fé e virgindade, fostes escolhida para ser a Mãe do Salvador, vosso mestre, verdadeira luz do mundo, sabedoria incriada, fonte e primeiro apóstolo da verdade.

Destes ao mundo o grande livro: a Palavra eterna, o Filho encarnado. Louvo a Santíssima Trindade por esse privilégio tão sublime e pela grande alegria que experimentastes. Alcançai-nos o dom da sabedoria celeste e a graça de que sejamos servos autênticos de Cristo, fiéis à sua Igreja e mensageiros da verdade. Fazei resplandecer em nossos corações a luz do evangelho. Dissipai de nossas vidas os erros, e congregai-nos à Igreja de Cristo, para que, iluminados pela Palavra de Deus, anunciemos esta mesma Palavra de Vida e Eternidade.

Ouvi nossas preces, mãe do Bom Conselho, sede de sabedoria, rainha dos santos, e acolhei-nos — a nós e a todas as Secretarias da Ofensiva Nacional da Renovação Carismática — e especialmente estas Secretarias Rafael e Moisés, em vosso materno e Imaculado Coração, hoje e em todos os dias de nossas vidas, para que se realize a plena vontade do Senhor para nós e para todos os nossos irmãos. **Amém!** *Ave-Maria.*

## *6. LADAINHA AO IMACULADO CORAÇÃO DE MARIA*

Senhor, **tende piedade de nós.**

Jesus Cristo, **tende piedade de nós.**

Senhor, **tende piedade de nós.**

Jesus Cristo, **ouvi-nos.**

Jesus Cristo, **atendei-nos.**

Deus, Pai dos céus, **tende piedade de nós.**

Deus Filho, Redentor do mundo...

Espírito Santo, que sois Deus...

Santíssima Trindade, que sois um só Deus...

Coração de Maria, **rogai por nós.**

Coração de Maria, segundo o coração do próprio Deus...

Coração de Maria, unido ao Coração de Cristo...

Coração de Maria, vaso do Espírito Santo...

Coração de Maria, templo da Santíssima Trindade...

Coração de Maria, morada do Verbo...

Coração de Maria, imaculado desde a criação...

Coração de Maria, repleto de graça...

Coração de Maria, bendito entre todos os corações...

Coração de Maria, trono da glória...

Coração de Maria, abismo de humildade...

Coração de Maria, oferenda do amor...

Coração de Maria, pregado na cruz...

Coração de Maria, consolo dos aflitos...

Coração de Maria, refúgio dos pecadores...

Coração de Maria, esperança dos moribundos...

Coração de Maria, sede de misericórdia...

Cordeiro de Deus que tirais o pecado do mundo...

**Perdoai-nos, Senhor.**

Cordeiro de Deus que tirais o pecado do mundo...

**Ouvi-nos, Senhor.**

Cordeiro de Deus que tirais o pecado do mundo...

**Tende piedade de nós, Senhor.**

Imaculado Coração de Maria, bondoso e humilde,

**Fazei o nosso coração semelhante ao Coração de Vosso Filho, o Cristo Senhor.**

**Oremos:** Ó Deus de infinita misericórdia, que para a salvação dos pecadores e defesa dos infelizes fizestes o Coração de Maria tão semelhante em afável ternura ao Coração do próprio Cristo, fazei com que nós, que agora contemplamos a doçura e o amor do seu Coração, graças aos seus méritos e à sua intercessão, possamos sempre viver perto dos Corações da Mãe e do Filho. Pelo mesmo Cristo, nosso Senhor. **Amém!**

## 7. ATO DE CONSAGRAÇÃO AO IMACULADO CORAÇÃO DE MARIA

Ó Maria, Mãe de Deus e nossa Mãe, Rainha do céu e refúgio dos pecadores, recebei nossa vida, todo o nosso ser, tudo o que temos, tudo o que amamos, tudo o que somos. A vós pertencem nossos lares, nossa pátria. Queremos que seja vosso, e participe dos benefícios de vossas bênçãos maternais, tudo o que existe em nós e ao redor de nós.

E, para que esta consagração seja realmente eficaz e duradoura, renovamos hoje, aos vossos pés, ó Maria, as promessas do nosso Batismo e da nossa Primeira Comunhão.

## 8. TERÇO DAS LÁGRIMAS DE SANGUE DE MARIA, ROSA MÍSTICA

**Oração inicial:**

Jesus crucificado! Ajoelhados aos vossos pés, nós Vos oferecemos as lágrimas de sangue daquela que Vos acompanhou no Vosso caminho sofredor da Cruz com intenso amor participante. Fazei, ó bom Mestre, que apreciemos as lições que nos dão as lágrimas de sangue da Vossa Mãe santíssima, a fim de que cumpramos a Vossa

Santíssima vontade aqui na terra, de tal modo que sejamos dignos de louvar-Vos no céu por toda a eternidade. **Amém!**

**Em vez do Pai-nosso, reza-se:**

Ó Jesus, olhai para as lágrimas de sangue daquela que mais Vos amou no mundo e Vos ama mais intensamente no céu.

**Em vez da Ave-Maria, reza-se:**

Ó Jesus, atendei as nossas súplicas, em virtude das lágrimas de sangue da Vossa Mãe Santíssima.

**No fim, repete-se três vezes:**

Ó Jesus, olhai para as lágrimas de sangue daquela que mais Vos amou no mundo e Vos ama mais intensamente no céu.

**Oração final:**

Ó Maria, mãe de amor, das dores e de misericórdia, nós vos suplicamos: uni vossas súplicas às nossas, a fim de que Jesus, vosso Divino Filho, a quem nos dirigimos, em nome de vossas lágrimas maternais de sangue, atenda as nossas súplicas e se digne conceder-nos as graças pelas quais vos suplicamos, a coroa da vida eterna. **Amém.**

Que as vossas lágrimas de sangue, ó Mãe das dores, destruam as forças do inferno. Pela Vossa mansidão divina, ó Jesus crucificado, preservai o mundo da ruína ameaçadora!

## 9. TERÇO DA CHAMA DE AMOR

No começo, em honra das cinco Chagas de Nosso Salvador, deve-se fazer cinco vezes seguidas o Sinal-da-Cruz.

Nas contas do Pai-nosso:

**Coração Doloroso e Imaculado de Maria, rogai por nós que recorremos a vós.**

Nas contas das Ave-Marias:

**Mãe, salvai-nos, pela Chama de Amor do Vosso Coração Imaculado!**

Para terminar, reza-se: **Glória ao Pai...** (3x), e depois:

**Mãe de Deus, derramai, sobre a humanidade inteira, as graças eficazes da Vossa Chama de Amor, agora e na hora da nossa morte. Amém!**

## 10. ORAÇÃO A NOSSA SENHORA DO DESTERRO

Ó Bem-aventurada Virgem Maria, Mãe de Nosso Senhor Jesus Cristo, rainha do Céu e da Terra, advogada dos pecadores, auxiliadora dos cristãos, desterradora das indigências, das calamidades, dos inimigos corporais e espirituais, dos maus pensamentos, das cenas terríveis do Dia do Juízo, das pragas, das bruxarias, dos malfeitores, ladrões, arrombadores, assaltantes e assassinos.

Minha amada Mãe, eu, prostrado agora a vossos pés, cheio de arrependimento de minhas culpas, por vosso intermédio, imploro perdão ao boníssimo Deus.

Rogai ao vosso Divino Jesus, por nossas famílias, para que Ele desterre de nossas vidas todos estes males, nos dê o perdão de nossos pecados e que nos enriqueça de Sua divina graça e misericórdia.

Cobri-nos com vosso manto maternal e desterrai de todos nós todos os males e maldições. Afugentai de nós a peste e os desassossegos. Possamos por vosso intermédio obter a cura de todas as doenças, encontrar as portas do céu abertas e ser felizes por toda a eternidade. **Amém!**

**Credo** ao Sagrado Coração de Jesus e pelas 7 dores de Nossa Senhora.

**7 Pai-nossos, 7 Ave-Marias e 7 Glórias.**

Nossa Senhora do Desterro, **rogai por nós.**

## 11. NOSSA SENHORA RAINHA DOS ANJOS

Augusta Rainha do Céu e Senhora dos Anjos, vós que desde o princípio recebestes de Deus o poder e a missão de esmagar a cabeça de satanás, nós vos pedimos humildemente, enviai vossas Santas Legiões de Anjos, para que elas, sob vosso poder e vossas ordens, persigam os infernais espíritos, com- batendo-os por toda a parte, confundam a sua audácia e os precipitem nos abismos. Quem como Deus? Ó boa e terna Mãe, vós sereis sempre o nosso amor e a nossa esperança. Ó Mãe de Deus, enviai vossas Santas Legiões de Anjos para nos defender e repelir para longe de nós o cruel inimigo.

Santos Anjos e Arcanjos, **defendei-nos e protegei-nos.**

## 11A. ORAÇÃO A NOSSA SENHORA DESATADORA DOS NÓS
*Suzel F. Bourgerie*

Virgem Maria, Mãe do belo amor, Mãe que jamais deixa de vir em socorro a um filho aflito, Mãe cujas mãos não param nunca de servir seus amados filhos, pois são movidas pelo amor divino e a imensa misericórdia que existem em seu coração, voltai o seu olhar compassivo sobre mim e vê o emaranhado de **nós** que há em minha vida.

A Senhora bem conhece o meu desespero, a minha dor e o quanto estou amarrado por causa destes **nós.**

Maria, Mãe que Deus que se encarregou de desatar os **nós** da vida dos seus filhos, confio hoje a fita da minha vida em suas mãos.

Ninguém, nem mesmo o Maligno poderá tirá-la do seu precioso amparo. Em suas mãos não há **nós** que não possa ser desfeito.

Mãe poderosa, por sua graça e seu poder intercessor junto a seu Filho e meu Libertador, Jesus, receba hoje em suas mãos este *nó*... Peço-lhe para desatá-lo para a glória de Deus, e para todo o sempre. A Senhora é a minha esperança.

A Senhora é a minha consolação dada por Deus, a fortaleza das minhas débeis forças, a riqueza das minhas misérias, a liberdade, com Cristo, das minhas cadeias.

Ouve minha súplica. Guardai-me, guiai-me, protegei-me, ó seguro refúgio!

**Virgem Maria, desatadora dos nós, roga por mim.**

## 11B. MARIA, AQUELA QUE DESATA OS NÓS

Santa Maria, cheia da presença de Deus, durante os dias de tua vida aceitastes com toda a humildade a vontade do Pai, e o maligno nunca foi capaz de te envolver com suas confusões.

Junto a teu Filho, intercedes por nossas necessidades e, com toda paciência, nos destes o exemplo de como desenrolar as linhas de nossa vida. E ao se dar para sempre como nossa Mãe, pões em ordem e fazes mais claros os laços que nos unem ao Senhor.

Santa Maria, Mãe de Deus e nossa Mãe, tu que com coração materno desatas os **nós** que entorpecem nossa vida, te pedimos que recebas em tuas mãos o (nome), e que o(a) livre das amarras e confusões com que o(a) castiga aquele que é nosso inimigo.

Por tua graça, por tua intercessão, com teu exemplo, livrai-nos de todo mal, Senhora Nossa, e desatai os **nós** que impedem de nos unirmos a Deus, para que, livres de toda confusão e erros O louvemos em todas as coisas, coloquemos n'Ele nossos corações e possamos servi-Lo sempre nos irmãos.

## 12. ORAÇÃO A SÃO MIGUEL ARCANJO

São Miguel Arcanjo, defendei-nos no combate, sede nosso refúgio contra a maldade e as ciladas do demônio.

Ordene-lhe Deus, instantemente o pedimos, e vós, príncipe da milícia celeste, pela virtude divina, precipitai no inferno a satanás e a todos os espíritos malignos que andam pelo mundo para perder as almas.

São Miguel Arcanjo, **defendei-nos e protegei-nos. Amém!**

## 13. ROSÁRIO DE SÃO MIGUEL ARCANJO

No início de cada saudação:

Deus, vinde em nosso auxílio.

**Senhor, socorrei-nos e salvai-nos.**

**Primeira Saudação:**

Saudamos o primeiro coro dos Anjos, pedindo pela intercessão de São Miguel e do coro celeste dos Serafins, para que o Senhor nos torne dignos de ser abrasados de uma perfeita caridade. **Amém!**

**Um Pai-nosso, três Ave-Marias, Glória ao Pai**

**Segunda Saudação:**

Saudamos o segundo coro dos Anjos pedindo pela intercessão de São Miguel e dos coros celestes dos Querubins, para que o Senhor nos conceda a graça de fugir do pecado e procurar a perfeição cristã. **Amém!**

**Um Pai-nosso, três Ave-Marias, Glória ao Pai**

**Terceira Saudação:**

Saudamos o terceiro coro dos Anjos pedindo pela intercessão de São Miguel e do coro celeste dos Tronos, para que Deus derrame em nossos corações o espírito de verdadeira e sincera humildade. **Amém!**

**Um Pai-nosso, três Ave-Marias, Glória ao Pai**

**Quarta Saudação:**

Saudamos o quarto coro dos Anjos pedindo pela intercessão de São Miguel e do coro celeste das Dominações, para que o Senhor nos conceda a graça de dominar nossos sentidos e de nos corrigir de nossas más paixões. **Amém!**

**Um Pai-nosso, três Ave-Marias, Glória ao Pai**

**Quinta Saudação:**

Saudamos o quinto coro dos Anjos pedindo pela intercessão de São Miguel e do coro celeste das Potestades, para que o Senhor se digne proteger nossas almas contra as ciladas e as tentações do demônio. **Amém!**

**Um Pai-nosso, três Ave-Marias, Glória ao Pai**

**Sexta Saudação:**

Saudamos o sexto coro dos Anjos pedindo pela intercessão de São Miguel e do coro admirável das Virtudes, para que o Senhor não nos deixe cair em tentação, mas que nos livre de todo mal. **Amém!**

**Um Pai-nosso, três Ave-Marias, Glória ao Pai**

**Sétima Saudação:**

Saudamos o sétimo coro dos Anjos pedindo pela intercessão de São Miguel e do coro celeste dos Principados, para que o Senhor encha as nossas vidas do espírito de uma verdadeira e sincera obediência. **Amém!**

**Um Pai-nosso, três Ave-Marias, Glória ao Pai**

**Oitava Saudação:**

Saudamos o oitavo coro dos Anjos pedindo pela intercessão de São Miguel e do coro celeste dos Arcanjos, para que o Senhor nos conceda o dom da perseverança na fé e nas boas obras, a fim de que possamos chegar a possuir a glória eterna do paraíso. **Amém!**

**Um Pai-nosso, três Ave-Marias, Glória ao Pai**

### Nona Saudação:

Saudamos o nono coro dos Anjos pedindo pela intercessão de São Miguel e do coro celeste de todos os Anjos, para que sejamos guardados por eles nesta vida mortal, para sermos conduzidos por eles à glória eterna do Céu. **Amém!**

### Um Pai-nosso, três Ave-Marias, Glória ao Pai

### Ao final:

Um Pai-nosso em honra de São Miguel Arcanjo, outro em honra de São Gabriel, um terceiro em honra de São Rafael, e um quarto em honra de nosso Anjo da Guarda.

**Oremos:** Gloriosíssimo São Miguel, chefe e príncipe dos exércitos celestes, fiel guardião das almas, vencedor dos espíritos rebeldes, amado da casa de Deus, nosso admirável guia depois de Cristo, vós, cuja excelência e virtude são eminentíssimas, dignai-vos livrar-nos de todos os males, nós todos que recorremos a vós e fazei pela vossa incomparável proteção, que adiantemos cada dia mais na fidelidade e perseverança em servir a Deus.

Rogai por nós, ó bem-aventurado São Miguel, príncipe da Igreja de Cristo, **para que sejamos dignos das promessas de Cristo.**

**Oração:**

Deus, todo-poderoso e eterno, que por um prodígio de bondade e misericórdia, para a salvação dos homens, escolhestes para príncipe de Vossa Igreja o gloriosíssimo Arcanjo São Miguel, tornai-nos dignos, nós vo-lo pedimos, de sermos preservados de todos os nossos inimigos, a fim de que na hora de nossa morte nenhum deles nos possa inquietar, mas que nos seja dado de sermos introduzidos por ele na presença de Vossa poderosa e augusta majestade, pelos merecimentos de Jesus Cristo, Nosso Senhor. **Amém!**

## 14. ORAÇÃO DOS SANTOS ANJOS

Nós vos louvamos e vos bendizemos, ó Cristo Jesus, porque sois o centro do mundo angélico.

Nós vos adoramos, ó Cristo Jesus, porque voltareis em vossa glória, com todos os vossos Anjos.

Em vós, ó Cristo Senhor, foram criadas todas as coisas dos céus e da terra, as visíveis e as invisíveis: Tronos, Dominações, Potestades. Tudo foi criado por Cristo e para Cristo.

Nós vos bendizemos, Espíritos Celestiais, servidores enviados ao serviço dos que herdam a Salvação. Nós vos bendizemos porque desde a criação estais a serviço de Deus, como Mensageiros obedientes, anunciando a salvação dos seres humanos e ajudando-nos nos caminhos de Deus.

Nós vos bendizemos, amigos de Deus, porque ajudais misteriosa e poderosamente a Santa Igreja.

Convosco nós adoramos o Deus Três Vezes Santo, na liturgia.

Nós vos bendizemos porque ajudais a vencer o maligno que luta contra o Plano de Deus.

Anjos santos e benditos, obedientes à voz do Senhor, protegei a todos nós e a tudo que temos. Cercai as nossas casas, o nosso trabalho e as nossas vidas com a vossa bondosa proteção, e que um dia, com a vossa ajuda, possamos chegar ao reino Eterno, onde adoraremos convosco a Santíssima Trindade.

Com Maria, nossa Mãe, Rainha dos Anjos e dos Santos. **Amém!**

## 15. SÚPLICA ARDENTE
## AOS SANTOS ANJOS

Deus Uno e Trino, Onipotente e Eterno! Antes de recorrermos aos Vossos servos, os Santos Anjos, prostramo-nos na Vossa presença e Vos adoramos: Pai, Filho † e Espírito Santo.

**— Bendito e louvado sejais por toda a eternidade!**

Deus Santo, Deus forte, Deus Imortal, que tudo quanto por Vós foi criado Vos adore, Vos ame e permaneça no Vosso serviço!

E Vós, Maria, Rainha de todos os Anjos, aceitai benignamente as súplicas que dirigimos aos vossos servos: apresentai-as ao Altíssimo — Vós que sois a medianeira de todas as graças e a onipotência suplicante a fim de obtermos graças, salvação e auxílio. Amém.

Poderosos Santos Anjos, que por Deus nos fostes concedidos para nossa proteção e auxílio, em nome da Santíssima Trindade nós Vos suplicamos:

**— Vinde depressa, socorrei-nos!**

Nós vos suplicamos em Nome do preciosíssimo

Sangue de Nosso Senhor Jesus Cristo:

**— Vinde depressa, socorrei-nos!**

Nós vos suplicamos pelo poderosíssimo Nome de Jesus:

**— Vinde depressa, socorrei-nos!**

Nós vos suplicamos por todas as chagas de Nosso Senhor Jesus Cristo:

**— Vinde depressa, socorrei-nos!**

Nós vos suplicamos por todos os martírios de Nosso Senhor Jesus Cristo:

**— Vinde depressa, socorrei-nos!**

Nós vos suplicamos pela Palavra Santa de Deus:

**— Vinde depressa, socorrei-nos!**

Nós vos suplicamos pelo Coração de Nosso Senhor Jesus Cristo:

**— Vinde depressa, socorrei-nos!**

Nós vos suplicamos em nome do amor que Deus tem por nós, pobres:

**— Vinde depressa, socorrei-nos!**

Nós vos suplicamos em nome da fidelidade de Deus por nós, pobres:

**— Vinde depressa, socorrei-nos!**

Nós vos suplicamos em nome da misericórdia de Deus por nós, pobres:

— **Vinde depressa, socorrei-nos!**

Nós vos suplicamos em nome de Maria,

Mãe de Deus e nossa Mãe:

— **Vinde depressa, socorrei-nos!**

Nós vos suplicamos em nome de Maria, Rainha do céu e da terra:

— **Vinde depressa, socorrei-nos!**

Nós vos suplicamos em nome de Maria, vossa Rainha e Senhora:

— **Vinde depressa, socorrei-nos!**

Nós vos suplicamos pela vossa própria bem-aventurança:

— **Vinde depressa, socorrei-nos!**

Nós vos suplicamos pela vossa própria fidelidade:

— **Vinde depressa, socorrei-nos!**

Nós vos suplicamos pela vossa luta na defesa do reino de Deus:

— **Vinde depressa, socorrei-nos!**

Nós vos suplicamos:

**— Protegei-nos com o vosso escudo!**

Nós vos suplicamos:

**— Iluminai-nos com a vossa luz!**

Nós vos suplicamos:

**— Salvai-nos sob o manto protetor de Maria!**

Nós vos suplicamos:

**— Guardai-nos no coração de Maria!**

Nós vos suplicamos:

**— Confiai-nos às mãos de Maria!**

Nós vos suplicamos:

**— Mostrai-nos o caminho que conduz à porta da vida: o coração aberto de Nosso Senhor!**

Nós vos suplicamos:

**— Guiai-nos com segurança à casa do Pai celestial.**

Todos vós, nove coros dos espíritos bem-aventurados:

**— Vinde depressa, socorrei-nos!**

Anjos da vida,

**— Vinde depressa, socorrei-nos!**

Anjos do Verbo de Deus:

— **Vinde depressa, socorrei-nos!**

Anjos do amor:

— **Vinde depressa, socorrei-nos!**

Nossos companheiros especiais e enviados por Deus:

— **Vinde depressa, socorrei-nos!**

Insistentemente vos suplicamos:

— **Vinde depressa, socorrei-nos!**

Porque o Sangue preciosíssimo de Nosso Senhor e Rei clama que venhais em auxílio a nós, pobres:

— **Insistentemente suplicamos: Vinde depressa, socorrei-nos!**

Porque o coração de Nosso Senhor e Rei clama que venhais em auxílio a nós, pobres:

— **Insistentemente suplicamos: Vinde depressa, socorrei-nos!**

Porque o Coração Imaculado de Maria, Virgem puríssima e vossa Rainha, clama que venhais em auxílio a nós, pobres:

— **Insistentemente suplicamos: Vinde depressa, socorrei-nos!**

**Um Pai-nosso, três Ave-Marias, Glória ao Pai**

## 16. SÃO MIGUEL ARCANJO

Vós, príncipe dos exércitos celestes, vencedor do dragão infernal, recebestes de Deus força e poder para aniquilar, pela humildade, a soberba do príncipe das trevas. Insistentemente vos suplicamos que nos alcanceis de Deus a verdadeira humildade de coração, uma fidelidade inabalável no cumprimento contínuo da vontade de Deus e uma grande fortaleza no sofrimento e na penúria. Ao comparecermos perante o tribunal de Deus, socorrei-nos para que não desfaleçamos!

## 17. SÃO GABRIEL ARCANJO

Vós, Anjo da Encarnação, mensageiro fiel de Deus, abri os nossos ouvidos para que possamos captar até as mais suaves sugestões e apelos de graça emanados do coração amabilíssimo de Nosso Senhor. Nós vos pedimos que fiqueis sempre junto de nós para que, compreendendo bem a Palavra de Deus e Suas inspirações, saibamos obedecer-lhe, cumprindo docilmente aquilo que Deus quer de nós. Fazei que estejamos sempre disponíveis e vigilantes. Que o Senhor, quando vier, não nos encontre dormindo, mas atentos ao Seu chamado!

## 18. SÃO RAFAEL ARCANJO

Vós que sois lança e bálsamo do amor divino, feri o nosso coração e depositai nele um amor ardente a Deus. Que esta ferida não se apague nele, para que nos faça perseverar todos os dias no caminho da caridade e do amor. Que tudo vençamos pelo amor!

## 19. ANJOS PODEROSOS

E nossos irmãos santos que servis diante do trono de Deus, vinde em nosso auxílio!

Defendei-nos de nós próprios, da nossa covardia e tibieza, do nosso egoísmo e ambição, da nossa inveja e falta de confiança, da nossa avidez na busca da abundância, do bem-estar e da estima pública!

Desatai em nós as algemas do pecado e do apego às coisas terrenas. Tirai dos nossos olhos as vendas que nós mesmos lhe pusemos e que nos impedem de ver as necessidades do nosso próximo e a miséria do nosso ambiente porque nos fechamos numa mórbida complacência de nós mesmos!

Cravai no nosso coração o aguilhão da santa ansiedade por Deus para que não cessemos de procurá-lo com ardor, contrição e amor!

Contemplai em nós o sangue do Senhor, derramado por nossa causa!

Contemplai em nós as lágrimas da Vossa Rainha, choradas por nossa causa!

Contemplai em nós a pobre, desbotada e arruinada imagem de Deus, comparando-a com a imagem íntegra que Deus, no princípio, por amor, imprimiu em nossa alma!

Auxiliai-nos na luta contra o poder das trevas que, disfarçadamente, nos envolve e aflige!

Auxiliai-nos para que nenhum de nós se perca, permitindo assim que um dia nos reunamos todos, jubilosamente, na eterna bem-aventurança! Amém.

São Miguel, assisti-nos com vossos santos anjos:

**— Ajudai-nos e rogai por nós!**

São Rafael, assisti-nos com vossos santos anjos:

**— Ajudai-nos e rogai por nós!**

São Gabriel, assisti-nos com vossos santos anjos:

**— Ajudai-nos e rogai por nós!**

## 20. SANTO ANJO DA GUARDA

Anjo santo, meu conselheiro, **inspirai-me.**

Anjo santo, meu defensor, **protegei-me.**

Anjo santo, meu fiel amigo, **pedi por mim.**

Anjo santo, meu consolador, **fortificai-me.**

Anjo santo, meu irmão, **defendei-me.**

Anjo santo, meu mestre, **ensinai-me.**

Anjo santo, testemunha de todas as minhas ações, **purificai-me.**

Anjo santo, meu auxiliar, **amparai-me.**

Anjo santo, meu intercessor, **falai por mim.**

Anjo santo, meu guia, **dirigi-me.**

Anjo santo, minha luz, **iluminai-me.**

Anjo santo, a quem Deus encarregou de conduzir-me, **governai-me.**

Santo Anjo do Senhor, meu zeloso guardador, já que a ti me confiou a piedade divina, sempre me rege, me guarde, me governe e me ilumine. Amém.

## 20A. SANTOS ANJOS DA GUARDA DOS FILHOS

*"... porque aos Seus Anjos Ele ordenou para te guardarem em todos os teus caminhos" (Sl 90,11).*

Santos Anjos da guarda dos nossos filhos, seus conselheiros, **inspirai-os.**

Santos Anjos da guarda dos nossos filhos, seus defensores, **protegei-os.**

Santos Anjos da guarda dos nossos filhos, seus fiéis amigos, **rogai por eles**.

Santos Anjos da guarda dos nossos filhos, seus consola-dores, **fortificai-os.**

Santos Anjos da guarda dos nossos filhos, seus irmãos, **defendei-os.**

Santos Anjos da guarda dos nossos filhos, seus mestres, **ensinai-os.**

Santos Anjos da guarda dos nossos filhos, testemunhas de todas as suas ações, **purificai-os.**

Santos Anjos da guarda dos nossos filhos, seus auxiliares, **amparai-os.**

Santos Anjos da guarda dos nossos filhos, seus intercessores, **falai por eles.**

Santos Anjos da guarda dos nossos filhos, seus guias, **dirigi-lhes.**

Santos Anjos da guarda dos nossos filhos, sua luz, **iluminai-os.**

Santos Anjos da guarda dos nossos filhos, a quem Deus encarregou de conduzi-los, **governai-os.**

Santos Anjos do Senhor, zelosos guardiões dos nossos filhos*, já que a vós lhes confiou a piedade divina, sempre os rejam, os guardem, os governem e os iluminem. **Amém!**

Glória ao Pai, ao Filho e ao Espírito Santo, como era no princípio, agora e sempre. **Amém!**

(*Obs.:* Esta oração pode ser feita em intercessão não só pelos filhos, mas sugerimos que ela também seja feita com outras invocações, substituindo "dos nossos filhos" por:

— dos nossos familiares...

— dos nossos amigos...

— dos nossos inimigos...

— dos nossos vizinhos...

— dos que trabalham conosco...

— dos nossos afilhados...

— das crianças órfãs

— dos jovens rebeldes...

— etc, conforme o Espírito Santo nos inspirar.)

## 21. LADAINHA DO ARCANJO RAFAEL

Senhor, **tende piedade de nós.**

Cristo, **tende piedade de nós.**

Senhor, **tende piedade de nós.**

Jesus, **ouvi-nos.**

Jesus, **atendei-nos.**

Deus Pai Celestial, criador dos espíritos celestes, **tende piedade de nós.**

Deus Filho, Redentor do Mundo, a quem os Anjos desejam sempre contemplar, **tende piedade de nós.**

Deus Espírito Santo, felicidade dos espíritos bem-aventura- dos, **tende piedade de nós.**

Santíssima Trindade, que sois um só Deus, Glória dos Santos Anjos, **tende piedade de nós.**

São Rafael, Anjo da saúde, **rogai por nós.**

São Rafael, um dos sete espíritos que estão sempre diante do trono de Deus, **rogai por nós.**

São Rafael, fiel condutor de Tobias, **rogai por nós.**

São Rafael, que afastais para longe de nós os espíritos malignos, **rogai por nós.**

São Rafael, que levais nossas preces ao trono de Deus, **rogai por nós.**

São Rafael, auxílio nas tribulações, **rogai por nós.**

São Rafael, consolo nas necessidades, **rogai por nós.**

São Rafael, que tornais felizes os vossos devotos, **rogai por nós.**

Jesus Cristo, felicidade dos Anjos, **perdoai-nos.**

Jesus Cristo, glória dos espíritos celestes, **ouvi-nos.**

Jesus Cristo, esplendor dos exércitos celestes, **tende piedade de nós.**

**Oremos:** Ó Deus, que em vossa inefável providência, fizestes São Rafael o Condutor fiel de vossos filhos em suas viagens, humildemente vos imploramos, que possamos ser conduzidos por ele no caminho da salvação e experimentemos seu auxílio nas doenças do corpo e da alma. Por Jesus Cristo, Nosso Senhor. **Amém!**

## 22. ORAÇÃO AO ARCANJO SÃO RAFAEL

Ficai conosco, ó Arcanjo Rafael, chamado "Medicina de Deus"!

Afastai para longe de nós as doenças do corpo, da alma e do espírito, e trazei-nos saúde e toda a plenitude de vida prometida por Nosso Senhor Jesus Cristo. **Amém!**

## 22A. ORAÇÃO AO ARCANJO SÃO RAFAEL

Glorioso Arcanjo Rafael, que vos dignastes tomar a aparência de um simples viajante para vos fazer o protetor do jovem Tobias.

Ensinai-nos a viver sobrenaturalmente, elevando sem cessar nossas almas, acima das coisas terrestres.

Vinde em nosso socorro no momento das tentações e ajudai-nos a afastar de nossas almas e de nossos trabalhos todas as influências do inferno.

Ensinai-nos a viver neste espírito de fé que sabe reconhecer a misericórdia divina em todas as provações e as utilizar para a salvação de nossas almas.

Obtende para nós a graça de uma inteira conformidade com a vontade divina: seja que ela nos conceda a cura dos nossos males ou que recuse o que lhe pedimos.

São Rafael, guia, protetor e companheiro de Tobias, dirigi-nos no caminho da salvação, preservai-nos de todo perigo e conduzi-nos ao céu. Assim seja.

## *23. LADAINHA DOS SANTOS ANJOS*

Senhor, **tende piedade de nós.**

Cristo, **tende piedade de nós.**

Senhor, **tende piedade de nós.**

Cristo, **ouvi-nos.**

Cristo, **atendei-nos.**

Deus Pai, Criador dos Anjos, **tende piedade.**

Deus Filho, Senhor dos Anjos, **tende piedade.**

Deus Espírito Santo, Vida dos Anjos, **tende piedade.**

Santíssima Trindade, delícia de todos os Anjos, **tende piedade.**

Santa Maria... **rogai por nós.**

Rainha dos Anjos...

Todos os Coros dos Espíritos bem-aventurados ...

Santos Serafins, Anjos do Amor...

Santos Querubins, Anjos do Verbo...

Santos Tronos, Anjos da Vida...

Santos Anjos de Adoração...

Santas Dominações...

Santas Potestades...

Santos Principados...

Santas Virtudes...

**São Miguel Arcanjo...**

Vencedor de Lúcifer...

Anjo da fé e da humildade...

Anjo da santa unção...

Patrono dos moribundos...

Príncipe dos exércitos celestes... **rogai por nós**

Companheiro das almas dos defuntos...

**São Gabriel Arcanjo...**

Anjo da Encarnação...

Mensageiro Fiel de Deus...

Anjo da Esperança e da paz...

Protetor de todos os servos e servas de Deus...

Guarda do Santo Batismo...

Patrono dos Sacerdotes...

**São Rafael Arcanjo...**

Anjo do divino amor...

Dominador do espírito maligno...

Auxiliador em casos de necessidade...

Anjo da dor e da cura...

Patrono dos médicos, viajantes e peregrinos...

**Todos os Santos Arcanjos...**

Anjos do serviço perante o trono de Deus...

Anjos do serviço prestado à humanidade...

**Santos Anjos da Guarda...**

Auxiliadores nas nossas necessidades...

Luz da nossa escuridão...

Amparo em todos os perigos...

Admoestadores da nossa consciência...

Intercessores perante o trono de Deus...

Defensores contra o inimigo...

Nossos companheiros constantes...

Nossos guias seguros...

Nossos mais fiéis amigos...

Nossos conselheiros prudentes...

Nosso modelo na obediência...

Consolação no abandono... **rogai por nós.**

Espelho de humildade e pureza...

Anjos das nossas famílias...

Anjos dos nossos sacerdotes, religiosos e religiosas

Anjos das nossas crianças...

Anjos da nossa terra e da nossa pátria...

Anjos da Santa Igreja...

Todos os Santos Anjos, **ajudai-nos durante a nossa vida, assisti-nos na hora da nossa morte, no céu agradecer-vos-emos.**

Cordeiro de Deus, que tirais o pecado do mundo, **perdoai-nos, Senhor.**

Cordeiro de Deus, que tirais o pecado do mundo, **ouvi-nos, Senhor.**

Cordeiro de Deus, que tirais o pecado do mundo, **tende piedade de nós, Senhor.**

Deus deu a nosso respeito ordens aos Anjos; **eles proteger-nos-ão em todos os nossos caminhos.**

**Oremos:** Deus onipotente e eterno, concedei-nos o auxílio dos vossos Anjos e Exércitos Celestes a fim de que, por eles, permaneçamos preservados dos ataques de satanás e, pelo precioso Sangue de Nosso Senhor Jesus Cristo e a intercessão da Santíssima Virgem Maria, libertos de todos os perigos, possamos Vos servir em paz, por Nosso Senhor Jesus Cristo, Vosso Filho, que convosco e com o Espírito Santo vive e reina por todos os séculos. **Amém!**

São Miguel Arcanjo, protegei-nos no combate; cobri-nos com vosso escudo contra os embustes e as ciladas do demônio. Subjugue-o Deus, instantemente o pedimos; e vós, Príncipe da Milícia Celeste, pelo divino poder, precipitai no inferno a satanás e aos outros espíritos malignos que andam pelo mundo para perder as almas.

**Amém!**

## 24. ORAÇÃO A SÃO JOSÉ

A vós, São José, recorremos em nossa tribulação, e depois de termos implorado o auxílio de vossa Santíssima Esposa, cheios de confiança, solicitamos também o vosso patrocínio. Por esse laço sagrado de caridade, que vos uniu à Virgem Imaculada, Mãe de Deus, e pelo amor paternal que tivestes ao Menino Jesus, ardentemente vos suplicamos que lanceis um olhar benigno para a herança que Jesus Cristo adquiriu com Seu Sangue e nos socorrais em nossas necessidades, com o vosso auxílio e poder.

Protegei, ó guarda providente da Divina Família, a raça eleita de Jesus Cristo. Afastai para longe de nós, ó Pai amantíssimo, a peste do erro e do vício. Assisti-nos do alto do céu, ó nosso fortíssimo sustentáculo, na luta contra o poder das trevas e assim como outrora salvastes da morte a vida ameaçada do Menino Jesus, também defendei agora a Santa Igreja de Deus das ciladas dos seus inimigos e contra toda a adversidade.

Amparai a cada um de nós com o vosso constante patrocínio, a fim de que, a vosso exemplo e sustentados com o vosso auxílio, possamos viver virtuosamente, piedosamente morrer e alcançar no céu a eterna bem-aventurança.

**Amém!**

## *25. LADAINHA A SÃO JOSÉ*

Senhor, **tende piedade de nós.**

Jesus Cristo, **tende piedade de nós.**

Senhor, **tende piedade de nós.**

Jesus Cristo, **ouvi-nos.**

Jesus Cristo, **atendei-nos.**

Pai celeste, que sois Deus, **tende piedade de nós.**

Deus Filho, Redentor do mundo, **tende piedade de nós.**

Deus Espírito Santo, **tende piedade de nós.**

Santíssima Trindade, que sois um só Deus, **tende piedade de nós.**

Santa Maria... **rogai por nós. São José...**

Ilustre descendente de Davi...

Luz dos patriarcas...

Esposo da Mãe de Deus...

Guarda da casta Virgem...

Nutriente do Filho de Deus...

Zeloso defensor de Jesus...

Chefe da Sagrada Família...

José justíssimo...

José castíssimo...

José prudentíssimo...

José fortíssimo...

José obedientíssimo...

José fidelíssimo...

Espelho da paciência...

Amante da pobreza...

Modelo dos operários...

Glória da vida doméstica...

Guarda das virgens...

Amparo das famílias...

Consolação dos infelizes... **rogai por nós**

Esperança dos doentes...

Padroeiro dos moribundos...

Terror dos demônios...

Protetor da Santa Igreja...

Cordeiro de Deus, que tirais o pecado do mundo, **perdoai-nos, Senhor.**

Cordeiro de Deus, que tirais o pecado do mundo, **atendei-nos, Senhor.**

Cordeiro de Deus, que tirais o pecado do mundo, **tende misericórdia de nós, Senhor.**

Deus o estabeleceu senhor de sua casa, **e príncipe de todas as suas possessões.**

**Oremos:** Deus, que por inefável providência Vos dignastes es- colher ao bem-aventurado José para esposo de vossa Mãe Santíssima, concedei, nós Vo-lo pedimos, que, venerando-o aqui na terra como protetor, mereçamos tê-lo como intercessor no céu. Vós que viveis e reinais por todos os séculos. **Amém!**

## 26. ORAÇÃO A SÃO JOSÉ

Glorioso São José, que fostes exaltado pelo eterno Pai, obedecido pelo Verbo Encarnado, favorecido pelo Espírito Santo e amado pela Virgem Maria: louvamos e bendizemos a Santíssima Trindade pelos privilégios e méritos com que vos enriqueceu. Sois poderosíssimo, e jamais se ouviu dizer que alguém tenha recorrido a vós e fosse por vós desamparado.

Sois o consolador dos aflitos, o amparo dos míseros e o advogado dos pecadores. Acolhei-nos, pois, com bondade paternal a nós, que vos invocamos neste momento, com filial confiança, e alcançai-nos as graças que vos pedimos...

Nós vos escolhemos como nosso especial protetor. Sede, depois de Jesus e Maria, nossa consolação nesta terra, nosso refúgio nas desgraças, nosso guia nas incertezas, nosso conforto nas tribulações, nosso pai solícito em todas as necessidades. Obtende para nós, finalmente, como coroa dos vossos favores, uma boa e santa morte, na graça de Nosso Senhor. Assim seja.

## *27. TERÇO DA PROVIDÊNCIA*

Inicia-se rezando: **Credo, Pai-nosso e 3 Ave-Marias,** intercalando-se com a seguinte jaculatória: **"Deus provê, Deus proverá, Sua misericórdia não faltará."**

Em vez do Pai-nosso, reza-se:

"Providência Santíssima do eterno, onipotente e misericordiosíssimo Deus, que tudo tendes providenciado e providenciarás para o nosso bem, providenciai em todas as nossas necessidades. Assim cremos. Assim esperamos. Seja sempre feita a Vossa Santíssima vontade." **Amém.**

*(Ao final, repete-se nas 3 últimas contas esta mesma invocação.)*

Em vez da Ave-Maria, reza-se:

**"Providência Santíssima, providenciai".**

Se quisermos, poderemos acrescentar invocações específicas, como, por exemplo:

1) **Providenciai**... *a unidade em minha família*

2) *... A paz no lar.*

3) *... O emprego que tanto preciso.*

4) *... A saúde para...*

5) *... A cura de...*

6) *... O bom caminho e as boas amizades para meus filhos.*

7) *... A libertação...*

8) *... O aumento da minha fé.*

9) *A graça de perdoar a quem me magoou, maltratou e ofendeu* (dizer os nomes das pessoas a quem precisa perdoar).

Ao final, reza-se a **Salve-Rainha.**

Nossa Senhora da Providência, **providenciai.**

## 28. ORAÇÃO AO ETERNO PAI

**Primeira meditação:**

Eterno Divino Pai, humildemente prostrados diante da Vossa Divina Majestade, nós Vos oferecemos as cruciantes dores que sofreu o Coração de Jesus, pela separação de sua querida Mãe, quando se retirou por quarenta dias ao deserto; a fim de que todos aqueles que deixam o mundo e os pais para corresponder ao chamado divino, alcance de Vós a força para vencer toda separação e suportar tudo com santa paciência. **Rezar 10 Pai-nossos.**

**Segunda meditação:**

Eterno Divino Pai, humildemente prostrados diante da Vossa Divina Majestade, nós Vos oferecemos todo o grande sofrimento do Corpo de Jesus, causado pelo extenuante jejum de quarenta dias e quarenta noites, para reparar todos os pecados de gula e de intemperança, que muitas vezes cometemos ao satisfazermos as exigências de nosso mísero corpo. **Rezar 10 Pai-nossos.**

**Terceira meditação:**

Eterno Divino Pai, humildemente prostrados diante da Vossa Divina Majestade, nós Vos oferecemos todas as múltiplas e dolorosas provações e mortificações, a que voluntariamente se submeteu Jesus nos quarenta dias de jejum no deserto, para reparar o espírito de destruição e desonestidade, e também para que almas generosas suportem com paciência as provações, e abracem de boa vontade a cruz que Nosso Senhor lhes mandar. **Rezar 10 Pai-nossos.**

**Quarta meditação:**

Eterno Divino Pai, humildemente prostrados diante da Vossa Divina Majestade, nós Vos oferecemos as cruciantes dores que sofreu o Coração de Jesus, durante as quarenta noites de jejum no deserto, prevendo que, não obstante o seu jejum e os seus grandes sofrimentos, a maior parte dos homens se entregaria à intemperança e aos prazeres dos sentidos. Nós Vos oferecemos estes grandes sofrimentos, para que todos nos arrependamos dos nossos pecados e imitemos a Jesus, na Sua vida de pobreza, na mortificação e na temperança. **Rezar 10 Pai-nossos.**

**Ave-Maria e Glória ao Pai.**

## 29. ABANDONO EM DEUS

Meu Pai, entrego-me a vós. Fazei de mim o que for do vosso agrado. O que quiserdes fazer de mim eu vos agradeço. Estou pronto para tudo. Aceito tudo, desde que a vossa vontade se realize em mim e em todas as vossas criaturas. Não desejo outra coisa, meu Deus! Deponho minha alma em vossas mãos.

Eu vo-la dou, meu Deus, com todo o amor do meu coração porque vos amo, e porque é para mim uma necessidade de amor, dar-me, entregar-me em vossas mãos, sem medida, com uma confiança infinita, pois sois meu Pai.

## 30. TERÇO DA MISERICÓRDIA DIVINA

No início, com as contas de um Terço nas mãos, reza-se:
**Credo — um Pai-nosso — três Ave-Marias — Glória.**

Em vez do Pai-nosso, reza-se:

"Eterno Pai, eu vos ofereço o Corpo, o Sangue, a Alma e a Divindade de Nosso Senhor Jesus Cristo, em expiação dos nossos pecados e do mundo inteiro".

Em vez das Ave-Marias, reza-se:

"Jesus, pela sua dolorosa paixão, tende misericórdia de nós e do mundo inteiro".

No final do Terço, dizer três vezes:

"Deus Santo, Deus forte, Deus imortal, tende piedade de nós e do mundo inteiro".

**"Ó Sangue e Água que brotastes do lado aberto do Coração de Jesus como fonte de misericórdia para nós, eu confio em Vós".**

## 31. LOUVORES À MISERICÓRDIA DIVINA

Misericórdia divina, que brota do seio do Pai...

**eu confio em vós.**

Misericórdia divina, atributo máximo de Deus...

Misericórdia divina, mistério inefável...

Misericórdia divina, fonte que brota do mistério da Santíssima Trindade...

Misericórdia divina, que nenhuma mente, nem angélica nem humana pode perscrutar...

Misericórdia divina, da qual provém toda vida e toda a felicidade...

Misericórdia divina, mais sublime do que os céus ...

Misericórdia divina, fonte de milagres e prodígios...

Misericórdia divina, que envolve o Universo todo...

Misericórdia divina, que desce ao mundo

na Pessoa do Verbo Encarnado...

Misericórdia divina, que brotou da chaga aberta do Coração de Jesus...

Misericórdia divina, encerrada no Coração de Jesus para nós, e sobretudo para os pecadores...

Misericórdia divina, imperscrutável na instituição da Eucaristia...

Misericórdia divina, no Sacramento do Santo Batismo...

Misericórdia divina, na justificação por Jesus Cristo...

Misericórdia divina, que nos acompanha por toda a vida...

Misericórdia divina, que nos envolve de modo particular na hora da morte...

Misericórdia divina, que nos concede a vida imortal...

**eu confio em vós.**

Misericórdia divina, que nos acompanha em todos os momentos da vida...

Misericórdia divina, que nos defende do fogo do inferno...

Misericórdia divina, na conversão dos corações endurecidos...

Misericórdia divina, enlevo para os anjos, inefável para os santos...

Misericórdia divina, insondável em todos os mistérios divinos...

Misericórdia divina, que nos eleva de toda miséria...

Misericórdia divina, fonte de nossa felicidade e alegria...

Misericórdia divina, que do nada nos chama para a existência...

Misericórdia divina, que abrange todas as obras de suas mãos...

Misericórdia divina, que coroa tudo o que existe e existirá...

Misericórdia divina, na qual todos somos imersos...

Misericórdia divina, doce consolo para os corações atormentados...

Misericórdia divina, única esperança dos desesperados...

Misericórdia divina, repouso dos corações, paz em meio ao terror...

Misericórdia divina, delícia, êxtase dos santos...

Misericórdia divina, que desperta a confiança onde não há esperança...

**Oremos:** Ó Deus eterno, em quem a misericórdia é insondável, e o tesouro da compaixão é inesgotável, olhai propício para nós e multiplicai em nós a Vossa misericórdia, para que não desesperemos nos momentos difíceis, nem esmoreçamos, mas nos submetamos com grande confiança à Vossa santa vontade, que é amor e a própria misericórdia. **Amém!**

**Oração de agradecimento**

Ó Jesus, Deus oculto e misterioso, eu Vos agradeço pelos inumeráveis dons e pelos benefícios que nos fizestes. Cada batida do meu coração renove o hino de agradecimento que eu dirijo a Vós, Senhor. A minha alma seja um hino de adoração à vossa Misericórdia. Ó meu Deus, eu Vos amo, por Vós. **Amém!**

## 31A. TERÇO DA SAGRADA FACE

Inicia-se com o **Credo, Pai-nosso e Ave-Maria.**

**Invocação:** Sagrada Face do Senhor, *inflamai-nos vosso amor!*

**No lugar do Pai-nosso:** Por tudo quanto sofrestes por nossa salvação, ponde um fim à nossa mágoa, alívio à nossa aflição.

**No lugar das Ave-Marias:** Sagrada Face do Senhor, *aliviai nossa dor!*

**No lugar do Glória:** Face de Jesus, *suavizai nossa cruz!* Termina-se, repetindo três vezes: **Glória ao Pai...**

## 32. ORAÇÃO A JESUS CRISTO

Vós sois, ó Jesus, o Cristo, a face do Pai Santíssimo, meu Deus misericordiosíssimo, meu Rei infinitamente grande; sois meu boníssimo Pastor, meu único Mestre, meu auxílio cheio de bondade, meu Deus bem-amado de uma beleza maravilhosa, meu Pão vivo descido dos céus, meu Sacerdote Eterno, meu guia para a Pátria Celeste, minha verdadeira luz, minha santa doçura, meu reto caminho, minha sapiência, minha pura simplicidade, minha paz e concórdia; sois, enfim, toda a minha salvaguarda, minha herança preciosa, minha eterna salvação.

Ó Jesus Cristo, amável Senhor, por que, em toda a minha vida, amei, por que desejei outro tesouro senão Vós? Onde estava eu quando não pensava em Vós? Ah! Que pelo menos a partir deste momento meu coração só deseje a Vós e por Vós se abrase, Senhor Jesus! Desejos de minha alma, correi, que já bastante tardastes, apressai-vos para o fim a que aspirais; procurai em verdade Aquele que procurais.

Ó doce Jesus, sede o amor, as delícias, a admiração de todo coração dignamente consagrado à Vossa Majestade. Deus de meu coração e minha partilha sagrada, Jesus Cristo, que em Vós meu coração desfaleça, e sede Vós mesmo a minha vida.

Acenda-se em minha alma a brasa ardente de Vosso amor e se converta num incêndio todo divino, a arder para sempre no altar de meu coração; que inflame o íntimo de meu ser, e abrase o âmago de minha alma; para que no dia de minha morte eu apareça diante de Vós inteiramente consumido em Vosso Amor... **Amém!**

## 33. ORAÇÃO REPARADORA AO SANTÍSSIMO SACRAMENTO

Divino Salvador Jesus, dignai-vos baixar um olhar de misericórdia sobre vossos filhos que, reunidos num mesmo pensamento de fé, reparação e amor, vêm chorar a Vossos pés sua infidelidade e a de seus irmãos, os pobres pecadores. Possamos nós, pelas promessas unânimes e solenes que vamos fazer, tocar o Vosso divino coração e dele alcançar misericórdia para o mundo infeliz e criminoso e para todos aqueles que não têm a felicidade de vos amar! Daqui por diante, sim, todos nós Vo-lo prometemos:

— Do esquecimento e da ingratidão dos homens...

**nós Vos consolaremos, Senhor.**

— Do abandono em que sois deixado no Santo tabernáculo...

— Dos crimes dos pecadores...

— Do ódio dos ímpios...

— Das blasfêmias que se proferem contra Vós...

— Das injúrias feitas à Vossa divindade...

— Dos sacrilégios com que se profana o Vosso Sacramento de Amor...

— Das imodéstias e irreverências cometidas em Vossa presença adorável...

— Da tibieza do maior número dos Vossos Filhos...

— Do desprezo que se faz a Vossos convites cheios de amor...

— Das infidelidades daqueles que se dizem Vossos amigos...

— Do abuso das Vossas Graças...

— Das nossas próprias infidelidades...

— Da incompreensível dureza do nosso coração...

— Da nossa longa demora em Vos amar...

— Da nossa frouxidão em Vosso Santo serviço...

— Da amarga tristeza em que sois abismado pela perda das almas...

— Do Vosso longo esperar às portas do nosso coração...

— Das amargas repulsas de que sois saciado...

— Dos Vossos suspiros de amor...

— Das Vossas lágrimas de amor...

— Do Vosso cativeiro de amor...

— Do Vosso martírio de amor...

**Oremos:** Divino Salvador Jesus, que de Vosso coração deixastes escapar esta queixa dolorosa: "Eu procurei consoladores e não os achei", dignai-Vos aceitar o pequeno tributo das nossas consolações e assistir-nos tão poderosamente com o socorro da Vossa graça que para o futuro, fugindo cada vez mais de tudo o que Vos poderia desagradar, nos mostremos em tudo, por toda a parte e sempre, Vossos filhos, os mais fiéis e devotados. Nós Vo-lo pedimos por Vós que, sendo Deus, com o Pai e o Espírito Santo, viveis e reinais nos séculos dos séculos. **Amém!**

## *34. TERÇO DA CONFIANÇA*

Inicia-se com o SINAL-DA-CRUZ e reza-se:

**— Oração do Espírito Santo (nº 99)**

**— Credo, Pai-nosso, 3 Ave-Marias**

Nas demais contas, em vez do Pai-nosso, reza-se a Oração de Tobias e de Sara:

"Vós sois justo, Senhor! Vossos juízos são cheios de equidade e vossa conduta é toda misericórdia, verdade e justiça. Lembrai-vos, pois, de mim, Senhor! Não olheis os meus pecados e não guardeis a memória de minhas ofensas, nem das de meus antepassados. Não está nas mãos do homem penetrar vossos desígnios. Mas todos aqueles têm a certeza de que sua vida, se for provada, será coroada; que depois da tribulação haverá a libertação, e que, se houver sofrimento, haverá também acesso à vossa misericórdia. Porque o Senhor não se alegra com a nossa perda; após a tempestade mandais a bonança; depois das lágrimas e dos gemidos, derramais a alegria. Ó Deus de Israel, que o Senhor seja eternamente bendito! " (Tb 3, 2-3; 20-23).

Nas contas das Ave-Marias, reza-se o Salmo 23,4:

"Ainda que eu caminhe por um vale tenebroso, nenhum mal temerei, pois estais junto a mim".

Em vez do Glória, reza-se o Salmo 90,4:

"Sois meu refúgio e minha fortaleza, Senhor em quem eu confio".

O Terço termina com a oração da **Salve-Rainha.**

## 35. LADAINHA DO PRECIOSÍSSIMO SANGUE

Senhor, **tende piedade de nós.**

Jesus Cristo, **tende piedade de nós.**

Senhor, **tende piedade de nós.** Jesus Cristo, **ouvi-nos.**

Jesus Cristo, **atendei-nos.**

Pai do Céu, que sois Deus, **tende piedade de nós.**

Filho Redentor do mundo, que sois Deus, **tende piedade de nós.**

Espírito Santo, que sois Deus, **tende piedade de nós.**

Santíssima Trindade, que sois um só Deus, **tende piedade de nós.**

Sangue de Cristo, Sangue do Filho Unigênito do Eterno Pai, **salvai-nos.**

Sangue de Cristo, Sangue do Verbo de Deus encarnado...

Sangue de Cristo, Sangue do Novo e Eterno Testamento...

Sangue de Cristo, correndo pela terra na agonia...

Sangue de Cristo, manando abundante na flagelação...

Sangue de Cristo, gotejando na coroação de espinhos...

Sangue de Cristo, derramado na cruz...

Sangue de Cristo, preço da nossa salvação...

Sangue de Cristo, sem o qual não pode haver redenção...

Sangue de Cristo, que apagais a sede das almas, e as purificais na Eucaristia... **salvai-nos.**

Sangue de Cristo, torrente de misericórdia...

Sangue de Cristo, vencedor dos demônios...

Sangue de Cristo, fortaleza dos mártires...

Sangue de Cristo, virtude dos confessores...

Sangue de Cristo, que suscitais almas virgens...

Sangue de Cristo, força dos tentados...

Sangue de Cristo, alívio dos que trabalham...

Sangue de Cristo, consolação dos que choram...

Sangue de Cristo, esperança dos penitentes...

Sangue de Cristo, conforto dos moribundos...

Sangue de Cristo, paz e doçura dos corações...

Sangue de Cristo, penhor de eterna vida...

Sangue de Cristo, que libertais as almas do Purgatório...

Sangue de Cristo, digno de toda honra e glória...

Cordeiro de Deus que tirais o pecado do mundo...

**Perdoai-nos, Senhor.**

Cordeiro de Deus que tirais o pecado do mundo...

**Ouvi-nos, Senhor.**

Cordeiro de Deus que tirais o pecado do mundo...

**Tende piedade de nós, Senhor.**

Remiste-nos, Senhor, com o Vosso Sangue,

**E fizestes de nós um reino para o nosso Deus.**

**Oremos:** Todo-Poderoso e eterno Deus, vós que constituístes o vosso Unigênito Filho Redentor do mundo, e quisestes ser aplacado com o Seu Sangue, concedei-nos a graça de venerar o preço da nossa salvação, e de encontrar na virtude que ele contém defesa contra os males da vida presente, de tal modo que eternamente gozemos dos seus frutos no céu. Pelo mesmo Cristo, Senhor Nosso. Assim seja.

## 36. LOUVOR ÀS CHAGAS E AO SANGUE DO CORDEIRO

Louvo as Chagas e o Sangue do Cordeiro, que curam as fraquezas do meu corpo.

Louvo as Chagas e o Sangue do Cordeiro, que curam as fraquezas da minha alma.

Louvo as Chagas e o Sangue do Cordeiro, que curam as fraquezas do meu espírito.

Adoração ao Cordeiro de Deus, que derramou Seu Sangue por nós em agonia.

No Seu Sangue há poder para perdoar.

No Seu Sangue há poder para purificar.

No Seu Sangue há poder para salvar.

No Seu Sangue há poder para libertar.

No Seu Sangue há poder para vencer.

No Seu Sangue há poder para renovar.

No Seu Sangue há poder para proteger.

Para aquele que crê no poder do Sangue de Jesus, nada é impossível.

Louvo o Sangue do Cordeiro, que cobre todos os meus pecados, para que não mais sejam vistos.

Louvo o Sangue do Cordeiro, que me purifica de todos os meus pecados e me torna alvo como a neve.

Louvo o Sangue do Cordeiro, que tem o poder de me libertar de todas as minhas correntes e escravidão do pecado.

Louvo o Sangue do Cordeiro, que é mais forte que o meu próprio sangue, infestado de pecado, e que me transforma à imagem de Deus.

Louvo o Sangue do Cordeiro, em que há vitória sobre todos os poderes que querem me oprimir, sobre todo poder do inimigo.

Louvo o Sangue do Cordeiro, que me protege das astutas investidas do inimigo.

Louvo o Sangue do Cordeiro, que me prepara as vestes nupciais. Louvo o Sangue do Cordeiro que faz novas todas as coisas. **Aleluia! Amém!**

## 36A. CONSAGRAÇÃO AO PRECIOSÍSSIMO SANGUE DE JESUS

Na consciência do meu nada e da Vossa grandeza, misericordioso Salvador, me prostro aos Vossos pés e vos rendo graças pelos inúmeros favores que me haveis concedido, a mim, ingrata criatura, em especial, por me terdes livrado por intermédio de Vosso Preciosíssimo Sangue, da maléfica tirania de satanás.

Em presença de Maria, minha boa Mãe, do meu Anjo da Guarda, dos meus Santos Patronos, de toda a Corte Celeste, me consagro, ó bondosíssimo Jesus, com sin-cero coração e por livre decisão, ao Vosso Preciosíssimo Sangue, com o qual Vós livrastes o mundo inteiro do pe-cado, da morte e do inferno.

Prometo-Vos, com auxílio da Vossa graça e segundo as minhas forças, despertar e fomentar, quanto em mim es-tiver, a devoção ao Vosso Preciosíssimo Sangue, preço da nossa salvação, a fim de que o Vosso Sangue adorá-vel seja por todos honrado e venerado.

Quisera eu, por este modo, reparar minhas infidelidades para com o Preciosíssimo Sangue e oferecer-Vos igualmente reparação por tantos sacrilégios cometidos pelos homens contra o preciosíssimo preço da sua redenção.

Oxalá eu pudesse fazer desaparecer os meus pecados, as minhas friezas e todos os desrespeitos, com que Vos ofendi, ó Preciosíssimo Sangue! Vede, ó amantíssimo Jesus, que Vos ofereço o amor, a estima e adoração que a Vossa Mãe Santíssima, os Vossos Apóstolos fiéis e todos os Santos renderam ao Vosso Preciosíssimo Sangue e Vos rogo queirais esquecer-Vos das minhas infidelidades e friezas passadas e perdoeis a quantos Vos ofendem. Aspergi-me, ó Divino Salvador, e bem assim a todos os homens, com o Vosso Preciosíssimo Sangue, a fim de que nós, ó Amor Crucificado, desde agora e de todo o coração Vos amemos e dignamente honremos o preço da nossa salvação. Amém.

## *37. ROSÁRIO DAS SANTAS CHAGAS*

No lugar do Credo:

**Ó Jesus, divino Redentor, tende misericórdia de nós e do mundo inteiro. Amém.**

No lugar das três primeiras contas:

1ª: Deus Santo, Deus forte, Deus imortal, tende misericórdia de nós e do mundo inteiro.

2ª: Graça, misericórdia, meu Jesus; nos perigos presentes, cobri-nos com Vosso Precioso Sangue.

3ª: Pai eterno, tende misericórdia de nós, pelo Sangue de Jesus Cristo, Vosso único Filho, tende misericórdia de nós, Vo-lo pedimos. **Amém! Amém! Amém!**

No lugar do Pai-nosso:

**Pai eterno, eu vos ofereço as Santas Chagas de Nosso Senhor Jesus Cristo, para curar as de nossas almas.**

No lugar das Ave-Marias:

**Meu Jesus, perdão e misericórdia, pelos méritos de Vossas Santas Chagas.**

Terminado o Rosário ou Terço, deve-se repetir três vezes:

**Pai eterno, eu vos ofereço as Santas Chagas de Nosso Senhor Jesus Cristo, para curar as de nossas almas. Amém!**

## 38. TERÇO DO AMOR

No início, reza-se:

**Pai-nosso, Ave-Maria, Credo.**

Nas contas do Pai-nosso, reza-se:

Doce Coração de Jesus, **sede meu amor!**

Doce Coração de Maria, **sede minha salvação!**

Nas contas da Ave-Maria, reza-se:

Jesus, Maria, eu Vos amo, **salvai as almas!**

No final do terço, reza-se:

Sagrado Coração de Jesus, **fazei que eu Vos ame cada vez mais (3 vezes).**

## 39. PETIÇÃO DE MISERICÓRDIA PELAS ALMAS

Dulcíssimo Jesus, pelo Suor e Sangue que derramastes no Jardim das Oliveiras, **tende piedade das almas do Purgatório.**

Dulcíssimo Jesus, pelas dores da Vossa crudelíssima flagelação, **tende piedade das almas do Purgatório.**

Dulcíssimo Jesus, pelas dores da Vossa coroação de espinhos, **tende piedade das almas do Purgatório.**

Dulcíssimo Jesus, pelas dores que sofrestes no caminho do Calvário, **tende piedade das almas do Purgatório.**

Dulcíssimo Jesus, pelas dores de Vossa penosíssima agonia, **tende piedade das almas do Purgatório.**

Dulcíssimo Jesus, pelas imensas dores que sentistes expirando na cruz, **tende piedade das almas do Purgatório.**

Dulcíssimo Jesus, pelas últimas gotas de Sangue do Vosso amantíssimo coração transpassado pela lança, **tende piedade das almas do Purgatório. Amém.**

**Obs.:** Pode-se rezar: **"Tende piedade das almas de meus antepassados que estão no Purgatório."**

## *40. TERÇO PELAS ALMAS E POR TODOS OS SACERDOTES E RELIGIOSOS*

**Em Lugar do Pai-nosso:**

Pai Eterno, eu Vos ofereço o Corpo e o Sangue, a Alma e a Divindade de Vosso diletíssimo Filho, Nosso Senhor Jesus Cristo, e os méritos infinitos de Sua dolorosíssima paixão e morte na cruz, as lágrimas e dores de Sua Mãe Santíssima ao pé da cruz, e peço-Vos alívio para as almas do Purgatório e conversão e santificação de todos os sacerdotes e religiosos. Suplico-Vos ainda pela conversão e salvação dos meus familiares, parentes, amigos, conhecidos, inimigos, e de todos os pecadores.

**Nas 3 Ave-Marias junto da Cruz, rezar:**

Mãe de Deus, derramai as graças eficazes da Vossa Chama de Amor sobre as almas do Purgatório e sobre todos os sacerdotes e religiosos. Suplico-Vos ainda pela conversão e salvação dos meus familiares, parentes, amigos, conhecidos, inimigos, e de todos os pecadores.

**1ª dezena:** Nossa Senhora do Carmo, rogai pelas almas do Purgatório e pela conversão e santificação de todos os sacerdotes e religiosos.

**Nossa Senhora do Carmo, suplico-Vos ainda pela conversão e salvação dos meus familiares, parentes, amigos, conhecidos, inimigos e de todos os pecadores. (10x)**

**2ª dezena:** São José, pai nutrício de Jesus, rogai pelas almas do Purgatório e pela conversão e santificação de todos os sacerdotes e religiosos.

**São José, suplico-Vos ainda pela conversão e salvação dos meus familiares, parentes, amigos, conhecidos, inimigos e de todos os pecadores. (10x)**

**3ª dezena:** São Miguel Arcanjo, todos os anjos e santos, rogai pelas almas do Purgatório e pela conversão e santificação de todos os sacerdotes e religiosos.

**São Miguel Arcanjo, suplico-Vos ainda pela conversão e salvação dos meus familiares, parentes, ami-**

gos, conhecidos, inimigos e de todos os pecadores. (10x)

**4ª dezena:** Amados Jesus, Maria e José, rogai pelas almas do Purgatório e pela conversão e santificação de todos os sacerdotes e religiosos.

**Jesus, Maria e José, suplico-Vos ainda pela conversão e salvação dos meus familiares, parentes, amigos, conhecidos, inimigos e de todos os pecadores. (10x)**

**5ª dezena:** E vós, almas santas e benditas, ide perante Deus apresentar as minhas súplicas e rogar ao Pai Eterno pelas almas do Purgatório e pela conversão e santificação de todos os sacerdotes e religiosos.

**Almas santas e benditas, suplico-Vos ainda pela conversão e salvação dos meus familiares, parentes, amigos, conhecidos, inimigos e de todos os pecadores. (10x)**

**Terminar o Terço rezando três vezes:**

Deus Santo, Deus Forte, Deus Imortal, tende misericórdia das almas do Purgatório e de todos os sacerdotes e religiosos. Amém.

## 41. ORAÇÃO DE SANTA TERESINHA

Ó Jesus, Sumo e Eterno Sacerdote, conservai os vossos sacerdotes sob a proteção do vosso Coração amabilíssimo, onde nada de mal lhes possa suceder. Conservai imaculadas as suas mãos ungidas, que tocam todos os dias em vosso Corpo Santíssimo. Conservai puros os seus lábios, tintos pelo vosso Sangue preciosíssimo. Conservai desapegados dos bens da terra os seus corações, que foram selados com o caráter firme do vosso glorioso sacerdócio. Fazei-os crescer no amor e fidelidade para convosco, e preservai-os do contágio do mundo. Dai-lhes também, juntamente com o poder que tem de transubstanciar o pão e o vinho, em Corpo e Sangue, o poder de transformar os corações dos homens. Abençoai os seus trabalhos com copiosos frutos, e concedei-lhes um dia a coroa da vida eterna. Assim seja!

Santa Teresinha do Menino Jesus, **rogai por nós.**

## 42. ORAÇÃO DA VITÓRIA

Jesus, ó Redentor, por quem devem romper-se todos os grilhões de satanás, com os quais ele me mantém cativo, eu invoco o Teu Nome, Jesus, sobre mim e sobre os laços pecaminosos que me prendem a satanás, tais como… (ex.: orgulho)

**Eu estou redimido pelo Teu Precioso Sangue.
A vitória é Tua! Aleluia!**

Jesus Ressurreto, Tu que despojaste satã do seu poder, e que concedes uma vida nova e divina, eu invoco o Teu Nome, Jesus, sobre mim e sobre os laços pecaminosos que me prendem a satanás, tais como: ...

**Eu estou redimido pelo Teu Precioso Sangue.
A vitória é Tua! Aleluia!**

Jesus, ó Cordeiro de Deus, que quebraste o poder de satanás e estabeleces o teu domínio sobre o meu coração, eu invoco o Teu Nome, Jesus, sobre mim e sobre os laços pecaminosos que me prendem a satanás, tais como: ...

**Eu estou redimido pelo Teu Precioso Sangue.
A vitória é Tua! Aleluia!**

Jesus, ó Príncipe da vitória, Tu que colocas todos os Teus inimigos, os demônios, sob os Teus pés, e estabeleces a Tua Vitória, eu invoco o Teu Nome, Jesus, sobre mim e sobre os laços pecaminosos que me prendem a satanás, tais como: ...

**Eu estou redimido pelo Teu Precioso Sangue.
A vitória é Tua! Aleluia!**

Jesus, ó Libertador! Tu que disseste: "Se o Filho vos libertar, verdadeiramente sereis livres", e cuja Palavra é SIM e AMÉM. Tu me libertas das correntes com as quais satanás me mantém cativo. Eu invoco o Teu Nome, Jesus, sobre mim e sobre os laços pecaminosos que me prendem a satanás, tais como: ...

**Eu estou redimido pelo Teu Precioso Sangue. A vitória é Tua! Aleluia!**

Jesus, ó Subjugador de todos os poderes do pecado e das potestades infernais, Tu que triunfaste sobre eles no Calvário e que hás de triunfar também na minha vida, eu invoco o Teu Nome, Jesus, sobre mim e sobre os laços pecaminosos que me prendem a satanás, tais como: ...

**Eu estou redimido pelo Teu Precioso Sangue. A vitória é Tua! Aleluia!**

Jesus, ó Senhor poderoso, ao qual foi dado todo o poder nos céus e na terra, Eu invoco o Teu Nome, Jesus, sobre mim e sobre os laços pecaminosos que me prendem a satanás, tais como: ... e glorifico a Tua vitória, pois a destra do Senhor será exaltada, a destra do Senhor permanece vitoriosa.

**Eu estou redimido pelo Teu Precioso Sangue. Aleluia! Amém!**

## 43. ORAÇÃO DE BATALHA

Senhor Jesus Cristo, confesso a Ti que sou dominado por graves tentações.

Repetidamente se apoderam de mim esses pensamentos de tentação.

Não consigo me livrar deles, pois estou amarrado, satanás me derrotou.

Sei que sou culpado por ter cedido aos seus sussurros que me levaram a esses pensamentos. Porém, agora, coloco-me sobre a rocha firme da Tua cruz.

Jesus, peço-Te e creio que Tu ordenes aos poderes inimigos, que me assediam e molestam, para que se afastem de mim e com eles todas as suas tentações!

Jesus, eu não quero, daqui por diante, deixar-me enlaçar pelo espírito mentiroso das trevas. Creio que, no Teu Sangue, seus ataques contra mim estão derrotados. Creio que o seu direito de me causar dano à alma, ao espírito e com isso também ao corpo, foi aniquilado por Tua vitória no Calvário.

Eu professo: pertenço a Ti, meu Salvador Jesus Cristo, meu Senhor crucificado e ressurreto. Tu és o Príncipe da Vitória!

Eu creio: eu me encontro sob a Tua proteção, meu Deus e Pai, e sob a proteção dos Teus Anjos, sou guardado pelo poder do Teu Sangue, Jesus, meu Redentor.

Eu professo: quem é igual a Deus! Tu, ó Deus Tri-uno e Eterno!

Santo, santo, santo és Tu, diante de cuja majestade os poderes das trevas com todo o seu ódio não podem subsistir. Eles estremecem diante do Teu poder e grandeza, e são rechaçados por Ti, juntamente com seus ataques!

Eu creio: Vitorioso, cheio de glória e majestade és Tu, Jesus Cristo. Tu que venceste o poder de satanás, e com isso também o poder de todos os pensamentos tentadores.

Jesus, ó Cordeiro de Deus, a Ti os demônios têm de obedecer, e diante das Tuas chagas, os sinais da vitória, eles têm de fugir.

Jesus Cristo, ó meu Redentor, com Teu Sangue Tu me resgataste do poder e dos ataques das potestades das trevas, e com isso também das suas tentações.

Em Ti e na Tua redenção é que creio e para Ti eu vivo. Jesus, por Tu me dares a força, quero ser fiel a Ti e trilhar meu caminho vitoriosamente, até o fim.

Agradeço-Te, Jesus, estou liberto das minhas tentações, pois Tu, o Filho de Deus, vieste para destruir as obras do diabo e conduzir-me ao alvo e à perfeição. Aleluia! **Amém!**

**Pai-nosso, Ave-Maria e Glória.**

## 44. VINDE, ESPÍRITO SANTO

**Vinde, Espírito Santo,** tomai meu corpo como templo Teu!

Vinde e ficai comigo!

Dai-me profundo amor ao Coração de Jesus, a fim de servi-Lo de todo o coração, com toda a minha alma, com todas as minhas forças.

Consagro-vos todo o meu ser. Domina todas as minhas paixões, emoções e sentimentos. Recebei a minha inteligência e a minha vontade, minha memória e minha imaginação.

Ó Espírito Santo de Amor, dai-me a rica medida de Tua graça eficaz. Dá-me a plenitude de todas as virtudes, aumenta-me a fé, fortalecei minha esperança, aumenta-me a confiança e inflama meu amor. Concede-me os Teus dons, Teus frutos e bem-aventuranças. Santíssima Trindade, que minha alma seja Teu templo. **Amém!**

## 45. LADAINHA AO DIVINO ESPÍRITO SANTO

Senhor, **tende compaixão de nós.**

Jesus Cristo, **tende compaixão de nós.**

Senhor, **tende compaixão de nós.**

Pai onipotente e eterno, **tende compaixão de nós.**

Jesus, Filho eterno do Pai e Redentor do mundo, **salvai-nos.**

Espírito do Pai e do Filho, amor eterno de um e de outro, **santificai-nos.**

Trindade Santa, **atendei-nos.**

Espírito Santo, que procedeis do Pai e do Filho... **vinde a nós.**

Divino Espírito, igual ao Pai e ao Filho...

A mais terna e generosa promessa do Pai...

Dom de Deus altíssimo...

Raio de luz celeste...

Autor de todo o bem...

Fonte de água viva...

Fogo consumidor... **vinde a nós.**

Unção espiritual...

Espírito de amor e verdade...

Espírito de sabedoria e inteligência...

Espírito de conselho e fortaleza...

Espírito de ciência e piedade...

Espírito de temor do Senhor...

Espírito de graça e oração...

Espírito de paz e doçura...

Espírito de modéstia e pureza...

Espírito Consolador...

Espírito Santificador...

Espírito que governais a Igreja...

Espírito que encheis o universo...

Espírito de acréscimo de filhos de Deus...

Espírito Santo, **atendei-nos.**

Vinde renovar a face da terra...

Derramai a vossa luz nos nossos espíritos...

Gravai a vossa lei nos nossos corações...

Abrasai os nossos corações no fogo do vosso amor...

Abri-nos o tesouro das vossas graças...

Ensinai-nos como quereis que a peçamos...

Iluminai-nos pelas vossas celestes inspirações...

Concedei-nos a ciência, que é a única necessária...

Formai-nos na prática do bem...

Dai-nos os merecimentos das suas virtudes...

Fazei-nos perseverar na justiça...

Sede vós a recompensa eterna...

Cordeiro de Deus que tirais o pecado do mundo...

**Enviai-nos o Divino Consolador.**

Cordeiro de Deus que tirais o pecado do mundo...

**Enchei-nos dos dons do vosso Espírito.**

ordeiro de Deus que tirais o pecado do mundo...

**Fazei crescer em nós os frutos do Espírito Santo.**

Enviai o vosso Espírito e tudo será criado...

**E renovareis a face da terra.**

**Oremos:** O vosso Divino Espírito nos esclareça, inflame e purifique, e penetrando-nos com o seu celeste orvalho, nos faça fecundos em boas obras, por Cristo, Nosso Senhor. Assim seja.

## 46. ESPÍRITO SANTO, REVELAI-NOS JESUS

Ó **Espírito Santo**, mestre incomparável, **revelai-nos todas as coisas**, conforme a promessa feita por Jesus a seus discípulos. Não nos escondas nada do mistério, e comunica-nos tudo o que vem de Deus.

Instrui-nos sem descanso, porque jamais compreendemos bem o que nos dizes, e experimentamos ainda mais dificuldades em vivê-lo.

Ensinai-nos as maravilhas do amor divino, fazendo-nos admirá-las do mais íntimo de nosso espírito.

Desvenda-nos os tesouros que encerraste nas Escrituras e com que nos desejas enriquecer.

Fazei-nos conhecer toda a doutrina do Evangelho, tudo o que era intenção de Cristo nos revelar, pois desejamos mergulhar na intimidade de Sua Pessoa divina, para assim podermos amá-Lo mais e mais.

Queremos ouvir Seus passos, quando Ele de nós se aproximar, e oferecer-Lhe um coração mais puro e livre de qual- quer apego, buscando-O em tudo aquilo que fazemos.

Acompanhai-nos com teu ensino, a cada instante, para que nossa trajetória seja totalmente traçada por Tua luz, e vivamos cada vez mais em união íntima com Jesus na Eucaristia.

## 47. HINO AO ESPÍRITO SANTO

Doce Espírito Santo, **descei sobre nós.**

Doce Espírito Santo, **apoderai-Vos de nós.**

Doce Espírito Santo, **repousai sobre nós.**

Divino Espírito que sois amigo, **cobri-nos.**

Divino Espírito que sois presença, **vivificai-nos.**

Divino Espírito que sois poder, **glorificai-nos.**

Espírito dos sete dons, **revesti-nos da vossa unção.**

Espírito de temor, **dai-nos a paz.**

Espírito de força, **dai-nos a alegria.**

Espírito de ciência, **dai-nos a simplicidade de coração.**

Espírito de piedade filial, **dai-nos a confiança.**

Espírito de conselho, **dai-nos a consolação.**

Espírito de inteligência, **dai-nos à luz.**

Espírito de sabedoria, **dai-nos o amor.**

Espírito de santidade, **não vos afasteis de nós.**

Espírito de santidade, **vinde para junto de nós.**

Espírito de santidade, **vinde acender-nos vossa efusão.**

Dom de Deus Altíssimo, **vinde tocar nossos corações.**

Raio de luz celeste, **vinde cuidar de nossas feridas.**

Autor de todo bem, **vinde perdoar nossos pecados.**

Fonte de água viva, **vinde suscitar em nós as graças de Deus.**

Fogo consumidor, **vinde aumentar a nossa fé.**

Unção espiritual, **vinde fortificar nossa comunhão.**

Espírito de graça, **convertei-nos.**

Espírito de verdade, **instrui-nos.**

Espírito de liberdade, **libertai-nos.**

Espírito de adoção, **dai-nos um coração de criança.**

Espírito de pureza, **santificai-nos.**

Espírito de unidade, **pacificai-nos.**

Espírito de amor, **consumi-nos.**

Espírito de vida, **ressuscitai-nos.**

**Oremos:** Espírito Santo, estamos diante de vós, e apesar de nossas fraquezas, reunidos em vosso nome. Vinde a nós e ficai conosco!

Penetrai em nossos corações. Ensinai-nos o que devemos fazer, que caminho seguir. Mostrai-nos como devemos agir para podermos agradar-vos em tudo.

Vós sejais o inspirador e o doador de nossos pensamentos, e que a ignorância não nos leve a praticar o mal. Não nos deixemos guiar pela parcialidade, nem por interesses pessoais, mas sejamos firmemente unidos a vós, para que sejamos uma só coisa convosco, jamais nos desviando da verdade e contribuindo para a unidade completa.

Espírito Santo, assim como nos reunimos em vosso nome, do mesmo modo, guiados pelo vosso amor, permaneçamos na justiça. Que nesta terra jamais nos afastemos de vós, e na vida futura, alcancemos a felicidade eterna. **Amém!**

## 48. VINDE, ESPÍRITO SANTO, INUNDAI-NOS!

Espírito do Pai, **vivificai-nos!**

Espírito do Filho, **salvai-nos!**

Amor Eterno, **abrasai-nos:**

Com Teu fogo, **inflamai-nos;**

Com Tua luz, **iluminai-nos.**

Fonte viva, **dessedentai-nos;**

De nossos pecados, **purificai-nos.**

Por Tua unção, **robustecei-nos;**

Com Teu consolo, **recriai-nos;**

Com Tua graça, **guiai-nos**

E protegei-nos com Teus Anjos.

Não consintais jamais separar-nos de Ti

E ouvi nossa oração, Deus Espírito Santo.

Tocai-nos com Teu dedo

E infundi-nos as torrentes de virtudes.

Fortalecei-nos com Teus dons, deleita-nos com Teus frutos.

Guardai-nos do inimigo mau, ungi-nos para o combate derradeiro, amparai-nos na hora da morte.

Chamai-nos, então, para junto de Ti, para louvar toda a eternidade, o Pai, o Filho e a Ti, com todos os Santos e com Maria, Virgem e Mãe, ó Doce Consolador. **Amém!**

## 49. COROA DO ESPÍRITO SANTO

(*Obs.:* Reza-se antes de cada mistério):

Ó Deus, **vinde em nosso auxílio.**

Senhor, **socorrei-nos e salvai-nos.**

Glória ao Pai, ao Filho e ao Espírito Santo,

**Como era no princípio, agora e sempre. Amém!**

**1º Mistério:** Vinde, **Espírito Santo de Sabedoria**, desprendei-nos das coisas da terra e infundi-nos o amor e o gosto pelas coisas do céu.

(*Obs.:* Repete-se 10 vezes após cada mistério). Vinde, Espírito Santo, enchei os corações dos vossos fiéis e acendei neles o fogo do vosso amor, **vinde e renovai a face da terra.** (*Obs.:* Após cada dezena, reza-se):

Ó Maria, que por obra do Espírito Santo concebestes o Salvador, **rogai por nós.**

**2º Mistério:** Vinde, **Espírito de Entendimento,** iluminai a nossa mente com a luz da eterna verdade e enriquecei-a de santos pensamentos.

**3º Mistério:** Vinde, **Espírito de Conselho,** fazei-nos dóceis às Vossas inspirações e guiai-nos no caminho da salvação.

**4º Mistério:** Vinde, **Espírito de Fortaleza,** dai-nos força, constância e vitória nas batalhas contra os nossos inimigos espirituais.

**5º Mistério:** Vinde, **Espírito de Ciência,** sede o mestre de nossas almas e ajudai-nos a pôr em prática os Vossos santos ensinamentos.

**6º Mistério:** Vinde, **Espírito de Piedade,** vinde morar em nossos corações, tomai conta deles e santificai todos os seus afetos.

**7º Mistério:** Vinde, **Espírito de Santo Temor de Deus,** reinai em nossa vontade e fazei que estejamos sempre dispostos a tudo sofrer antes que vos ofender.

## *50. CONSAGRAÇÃO AO ESPÍRITO SANTO*

Ó Divino Espírito Santo, luz eterna e brilhantíssima cuja magnificência enche o céu e a terra, eis-me aqui humildemente prostrado ante vossa divina presença para me consagrar a Vós para sempre.

Adoro o brilho de Vossa pureza, vossa imutável justiça e o poder do Vosso amor. É por Vós, força e luz de minha alma, que eu penso, vivo e trabalho. Não permitais que eu peque contra Vós, nem resista aos suaves impulsos de Vossa graça, mas dirigi todos os meus pensamentos para que eu esteja atento à voz das Vossas inspirações, as siga fielmente e encontre na Vossa misericórdia, auxílio contra minha fraqueza.

Adorável Espírito, compadecei-vos de minha indigência, preservai-me de todo erro e obtenha-me o perdão se eu chegar a cair em pecado. Peço-Vos de joelhos, aos pés de Jesus Crucificado, contemplando e adorando as Suas Chagas sagra- das. Seu lado aberto, Seu coração transpassado.

Espírito do Pai e do Filho, fazei que com Vossa graça possa dizer em tudo e sempre: "Falai, Senhor, que Vosso servo vos ouve".

Espírito de Sabedoria e Entendimento, dissipai minha ignorância. Espírito de Conselho, dirigi a minha inexperiência.

Espírito de força, fazei-me perseverante no serviço de Deus, dai-me a força de proceder em tudo com bondade, benevolência. Espírito de Temor de Deus, livrai-me de todo mal. Espírito de Paz, dai-me a Vossa paz. Espírito de Santidade, ornai com as celestes virtudes da pureza e da modéstia, a mim, templo que escolhestes para Vossa morada, e por Vossa graça poderosíssima, preservai constantemente minha alma da mancha do pecado. Assim seja.

## 51. TERÇO DA LIBERTAÇÃO SIMPLES

Pai-nosso – Ave-Maria – Glória

Oração da Invocação ao Espírito Santo (no 99)

Nas contas do Pai-nosso:

**Se Jesus me libertar, eu serei verdadeiramente livre.**

Nas contas das Ave-Marias:

**Jesus tende piedade de mim. Jesus curai-me. Jesus salvai-me. Jesus libertai-me.**

Ao final do Terço deve-se repetir 3 vezes:

**Mãe das dores e de misericórdia, que a luz que emana de vossas chagas gloriosas destruam as forças de satanás.**

## 52. TERÇO DA RENÚNCIA E LIBERTAÇÃO

Início: **Credo, Pai-nosso, 3 Ave-Marias e Glória.**

Nas contas grandes do Pai-nosso, reza-se:

**"RENUNCIO a toda malícia, fingimento, maledicência, indiferentismo religioso e superstições, pois**

quero receber com mansidão a Palavra de Deus em mim semeada, para a minha salvação".

Nas contas das Ave-Marias, repetindo-se 10 vezes:

*1º MISTÉRIO* = **"RENUNCIO à impureza, falsidade, mentira, inveja, ciúmes, ambições, mágoas, ressentimentos, tristeza, insegurança, instabilidade, rejeição, egoísmo, aversão, competição, medo desgosto, revolta, ira, autocondenação, auto piedade, autopunição, complexo de inferioridade, complexo de culpa, luxúria, aberrações sexuais, briga, inimizade, ódio, carência afetiva, timidez, impaciência, falta de perdão, falsa enfermidade, fofoca, calúnia, alcoolismo, drogas, todas as formas de adivinhação, de ocultismos, de religiosidades contrárias à doutrina cristã, e ideologias equivocadas, para adorar e louvar a Deus e amá-Lo nos irmãos.**

*2º MISTÉRIO* = **"VIRGEM IMACULADA, AFASTAI DE MIM"**... *(repetindo os itens anteriores)*

*3º MISTÉRIO* = **"EM NOME DE JESUS E COM O PODER DE SEU SANGUE PRECIOSÍSSIMO DERRAMADO NA CRUZ, EU ORDENO QUE SE AFASTE DE MIM TODO ESPÍRITO DE...**

(repetindo os itens anteriores)

*4º e 5º MISTÉRIOS* = Reza-se normalmente os Pai-nossos e as Ave-Marias correspondentes, oferecendo em intenção das pessoas conhecidas que precisam de libertação.

Os primeiros mistérios deste Terço devem ser rezados primeiramente por si mesmo, depois podem ser rezados pela libertação dos seus entes queridos distantes de Deus e da Igreja, alcançando a sua libertação e retorno a Deus.

## 52A. RENÚNCIA ÀS HERANÇAS NEGATIVAS

Queremos agora pedir a proteção de Teu Sangue Jesus. Que Teu Sangue circunde cada um de nós. Que Teu Sangue circunde cada um dos nossos queridos, aonde eles estiverem. Maria Mãe de Jesus, nossa mãe, Senhora dos anjos, envia agora seus anjos com todas as milícias celestiais: São Miguel, Gabriel, Rafael e toda corte celestial, para acampar ao redor de cada um de nós, porque cremos que a nossa proteção está no Sangue de Jesus.

Senhor Jesus Cristo, eu renuncio agora em Teu Nome †, a toda maldição que veio até a mim por linha paterna até a quarta geração, todo pecado de feitiçaria, todos os espíritos maus que foram designados para acompanhar minha linha de família, colocando a opressão, falsas enfermidades e divisões, em toda nossa família.

Eu rejeito agora todos os espíritos de feitiçaria, todos os espíritos imundos que vieram através dessas gerações e os mando embora de toda linha de família por parte de pai, e os expulso de minha vida, em Nome de Jesus †.

Eu quero renunciar agora a todo pecado de feitiçaria por linha materna até a quarta geração, a todos os espíritos imundos que vem nos acompanhando por todas essas gerações; e eu as rejeito em Nome de Jesus †; corto todo pacto de meus antepassados por linha de pai ou mãe.

Eu renuncio a todos poderes e a todos favores que eles buscaram fora de Jesus; eu os rejeito em Nome de Jesus †; eu renuncio também a todas as enfermidades decorrentes destes pactos, em Nome de Jesus †.

Renuncio agora a todas as práticas religiosas contrárias à fé e à doutrina cristã, a todas as formas de religiosidade "espiritual" que não vem de Jesus, e a toda feitiçaria e "trabalhos feitos". Eu renuncio a toda e qualquer brincadeira que envolva objetos estranhos e procedimentos ditos "espirituais" que não tenham a aprovação da Igreja. Eu renuncio a brincadeiras com búzios, visitas às cartomantes, cirurgias espirituais, espíritos mentais.

Eu renuncio em nome de Jesus †, a trabalhos de sangue, trabalhos na mata, trabalhos com água.

Eu os expulso de toda minha linha de família, eu mando em- bora em nome de Jesus a satanás e eu digo a ele que saia da minha vida de uma vez para sempre em nome de Jesus †.

Eu renovo agora as promessas do meu Batismo, renovo as promessas da minha Crisma, eu renovo as promessas do Sacramento do meu Matrimônio.

Eu quero mergulhar agora a minha primeira, a segunda, a terceira, a quarta gerações, eu as quero mergulhar no cálice do Sangue de Jesus para a glória do Pai.

Eu aceito Jesus Cristo como meu único Senhor e Salvador, libertador de minha vida.

Eu peço agora, ó Espírito Santo, batiza-me, renova-me e libere em mim os Teus dons, para a Glória do Pai, do Filho † e do Espírito Santo.

**Credo.**

## 53. ORAÇÃO PEDINDO A ARMADURA DE DEUS

Pai celeste, agora, pela fé, clamo pela proteção da vossa armadura, para que eu possa permanecer firme contra satanás e todas as suas hostes e, no Nome do Senhor Jesus †, vencê-las.

Eu tomo a Vossa Verdade contra as mentiras e os erros do inimigo astucioso. Eu tomo a Vossa Justiça para vencer os maus pensamentos e as acusações de satanás.

Eu tomo o Equipamento do Evangelho da Paz e deixo a segurança e os confortos da vida para combater o inimigo.

E, acima de tudo, eu tomo a Vossa Fé para barrar o caminho da minha alma às dúvidas e incredulidades. Eu tomo a Vossa Salvação e confio em vós para proteger meu corpo e minha alma contra os ataques de satanás. Eu tomo a Vossa Palavra e oro para que o Espírito Santo me capacite a usá-la eficazmente contra o inimigo, a cortar toda escravidão e a libertar todo cativo de satanás, no poderoso e conquistador Nome † de Jesus Cristo, meu Senhor.

Eu me visto desta Armadura, vivendo e orando em completa dependência de Ti, bendito Espírito Santo. **Amém!**

## *53A. ORAÇÃO DE RENÚNCIA*

Senhor Jesus Cristo, confesso a Ti que sou dominado(a) por laços pecaminosos.

Caio repetidamente nestes pontos e torno-me culpado(a) diante de Ti e do meu próximo.

Até aqui, não tenho resistido até o sangue contra esses laços pecaminosos e os ataques de satanás. Tenho cedido às seduções do inimigo.

Jesus, diante de Tua face, desaprovo e condeno hoje o meu pecado e renuncio a ele: ao meu orgulho e soberba, à minha inveja e desconfiança, ao meu ciúme, à minha exagerada susceptibilidade, ao meu ressentimento, ao meu julgar e acusar, à minha justiça própria, ao meu mentir, a toda e qualquer cobiça e lascívia, a toda impureza, a todos os maus pensamentos de tentação e rebelião, bem como a cada pensamento blasfemo.

Em Teu nome, Jesus, e no poder do Teu sangue derramado, separo-me destes pecados, e declaro guerra aos espíritos das trevas, que repetidamente me atacam e procuram enlaçar-me. Em Teu nome, Jesus, pelo qual pisaste a cabeça da serpente, o inimigo é obrigado a afastar-se de mim! Acabaram-se os seus direitos e suas exigências sobre mim. Pelo Sangue do Cordeiro fui resgatado(a) do meu pecado e de satanás.

Meu Senhor Jesus Cristo, estou redimido(a) pela minha fé em Ti, triunfante Cordeiro de Deus Vencedor, ao qual o inimigo deve obedecer, e diante do qual é obrigado a fugir – meu libertador pelo qual foi despedaçado o poder de satanás e todo o meu pecado.

Jesus, me decido por Ti mais uma vez, creio em Ti, quero seguir-Te em Teu caminho de cruz e quero ter os Teus pensamentos, pelo poder do Teu Sangue redentor.

Meu Senhor Jesus Cristo, Tu transformas o Teu Sangue por mim derramado no Calvário, em uma parede que me separa de todos os poderes do inimigo derrotado. Estou redimido (a) pelo Teu Sangue, para fazer a Tua vontade. Pertenço a Ti somente. Jesus, Tu és o vencedor. **Amém!**

## 54. ORAÇÃO DE CONFISSÃO E RENÚNCIA

Senhor Jesus Cristo, creio que tu morreste na cruz por meus pecados e ressuscitastes da morte. Tu me redimiste por Teu Sangue e pertenço a Ti.

Confesso-Te todos os meus pecados, os conhecidos e os desconhecidos. Lamento-me por eles. Arrependo-me deles. Renuncio a todos eles.

Eu perdoo a todas as pessoas que me ofenderam... como quero que Tu me perdoes. Perdoa-me agora e lava-me com Teu sangue, Jesus, que me purifica de todo pecado.

E chego a Ti, neste momento, como meu Libertador. Tu sabes das minhas necessidades especiais... Aquilo que me perverte..., aquele espírito maldito... que me atormenta.

Clamo a promessa da Tua palavra: "Todo aquele que invocar o nome do Senhor, será salvo". Clamo a Ti, agora, em Teu Nome, liberta-me, ó Senhor!

Satanás, eu renuncio a você e a toda a sua obra, inclusive a toda e qualquer feitiçaria, ocultismo, e a tudo aquilo que direta ou disfarçadamente tenha ligação com você.

Renuncio agora, também, a qualquer ligação que eu ou membros de minha família, amigos e conhecidos, tenhamos tido com as obras ligadas a você.

Renuncio a você, satanás, em Nome de Jesus Cristo †, e ordeno que você me deixe agora, em Nome de Jesus Cristo †, o Filho do Deus Vivo †, meu Salvador. **Amém!**

**Creio em Deus, Pai Todo-Poderoso...**

## 54A. RENÚNCIA AO MAL E RENOVAÇÃO DAS PROMESSAS DO BATISMO

*Pe. Bernardo Schuster S.S.J.*

Senhor Jesus, por esse sinal-da-cruz †, envolva todos nós, nossos familiares e nossos bens no seu amor, no seu poder e no seu sangue, para que o inimigo não nos possa prejudicar.

*Em nome de Jesus Cristo, pelo sangue derramado, pelas suas cinco chagas, pela intercessão da Virgem Maria, a Imaculada, que esmagou a cabeça da serpente.*

... renuncio a satanás, autor de todo mal, de todo pecado e pai de toda mentira!

... renuncio a todo espírito de impaciência e de raiva; de ressentimento e mágoa; de tensão nervosa e agressividade; de juízo temerário e presunção; de ira e ódio; de fofoca, mentira e calúnia!

... renuncio a todo espírito de desânimo e tristeza; de melancolia e solidão; de fracasso e frustração; de desconfiança do amor de Deus e do próximo, de auto rejeição e autocondenação!

... renuncio a todo e qualquer espírito de medo: medo de Deus e de satanás; medo das pessoas, dos animais e das coisas; medo do futuro, da doença e da morte; medo de altura e do escuro; medo de acidente e de assalto; medo de perder minha imagem e prestígio; medo de falar em público e testemunhar o seu Evangelho; medo de perda de um familiar e da condenação eterna!

... renuncio a todo espírito de complexo e auto piedade; de ansiedade, angústia e preocupação; de traumas e doenças!

... renuncio a todo espírito de desequilíbrio emocional e psíquico; de autodestruição!

... renuncio a todo espírito de vingança; a todo desejo de fracasso e morte de meu irmão; a todo espírito de injustiça e exploração da pessoa humana!

... renuncio a todo espírito de revolta contra Deus, contra meu irmão e contra mim mesmo, não aceitando as minhas fraquezas!

... renuncio a todo espírito de avareza; apego ao dinheiro, coisas, pessoas ou cargos!

... renuncio a todo espírito de gula, droga e fumo; a todo espírito de alcoolismo, blasfêmia e sacrilégio!

... renuncio a todo espírito de ciúme e inveja; de preguiça e hipocrisia; de fingimento, falsidade e adulação!

... renuncio a todo espírito de palavrão e piadas obscenas; de práticas sexuais indevidas e luxúria; de masturbação e fornicação; de prostituição e adultério; de violências e aberrações sexuais; de orgia e de farra!

... renuncio a todo espírito de autossuficiência e egoísmo; de vaidade, orgulho e *status*; de materialismo e consumismo; de ambição e poder; de furto e roubo!

... renuncio a todo espírito de superstição e descrença; de dúvida e confusão religiosa, de horóscopo, sortilégios, cartomancia, e toda prática espiritual contrária à doutrina cristã!

... renuncio a todo espírito de idolatria e falsas religiões; de todo ocultismo e práticas religiosas em desacordo com as Sagradas Escrituras.

... renuncio a todo espírito de magia negra e bruxaria; de sortilégios, adivinhações e curandeirismo.

... renuncio a todos espíritos e espíritos guias, que invocaram sobre mim; toda herança de falsas religiões que trago dos meus antepassados!

... renuncio a toda invocação do espírito de exu e ogum; de oxossi e iemanjá; do espírito do caboclo e do preto velho; do espírito do índio, sete flechas, pomba-gira; do espírito de tranca-rua e São Jorge; do espírito de São Cosme e Damião, do espírito de São Cipriano e a todos os outros!

... renuncio de todo coração, a todo efeito de batismo, consagração ou cruzamento feito da minha pessoa ao espiritismo, à magia negra ou à outra falsa religião!

... renuncio a todos os remédios, poções, "trabalhos" de bruxaria e despachos, maldições ou pragas, maus-olhados que lançaram sobre mim ou minha família!

... renuncio a todos os objetos supersticiosos que trago comigo ou tenho em casa!

... renuncio a toda revista e filme pornográfico e a toda literatura, filmes, músicas contrárias à sã doutrina da salvação!

... renuncio a todo espírito do mundo e a todo modo de viver não cristão.

... ordeno a todo espírito mal do qual tenha sido libertado, que vá aos pés de Jesus, para que Ele disponha dele!

... proíbo a todo espírito mal que me tenha deixado, que torne a mim para me prejudicar!

Obrigado, Jesus, porque você me libertou! Jesus Cristo é meu único dono e Senhor! Deus é meu Pai! Maria é minha Mãe!

— Crês em Deus Pai Todo-poderoso, criador do céu e da terra? – **Creio.**

— Crês que Jesus Cristo é o Filho do Pai e morreu para te salvar? – **Creio.**

— Crês que o Espírito Santo, amor do Pai e do Filho, habita em teu coração? – **Creio.**

— Crês que a Igreja Católica é a única verdadeira? – **Creio.**

— Crês que és membro vivo desta Igreja? – **Creio.**

— Crês que és responsável por Seu nome e expansão do Seu reino? – **Creio.**

— Crês que devemos ajudar preferencialmente os mais pobres? – **Creio.**

— Crês que a Bíblia é a Palavra viva do Deus vivo? – **Creio.**

— Crês que a Palavra de Deus alimenta, liberta, cura, e garante o perdão dos pecados? – **Creio.**

— Crês que Deus, sendo amor infinito, não criou o inferno? – **Creio.**

— Crês que cada um busca o inferno quando, livre e conscientemente, se afasta de Deus? – **Creio.**

— Crês que Jesus Cristo condena o amor livre, as relações pré-matrimoniais, o aborto, o meretrício e o divórcio? - **Creio.**

— Crês que todos os males: mortes, doenças, guerras não provêm de Deus, mas do abuso da nossa liberdade? - **Creio.**

— Crês que, de todos os males, até do pecado quando arrependido e confessado, Deus tem poder de tirar um bem maior? - **Creio.**

## 55. ORAÇÃO INTERCEDENDO PELA CURA INTERIOR DE ALGUÉM

Senhor Jesus, eu lhe peço que entre no coração de... e toque aquelas experiências de vida que precisam ser curadas.

Tu conheces muito melhor o(a)... do que ele(a) próprio(a) conhece a si mesmo. Derrame, então, o Seu amor em todos os cantos do seu coração.

Onde quer que o encontre ferido, toque-o, console-o, liberte-o.

Se ele(a) se sente só, abandonado(a), rejeitado(a) pelas pessoas, conceda-lhe, mediante Seu amor regenerador, uma nova consciência do seu valor como pessoa humana.

Jesus, entrego totalmente a Vós: seu corpo, sua mente e espírito, e Lhe agradeço por restaurar a sua integridade. Obrigado, Senhor. **Amém! Aleluia!**

## 55A. ORAÇÃO PELA CURA INTERIOR E FÍSICA

Senhor Jesus Cristo, creio que és o Filho ressuscitado e glorioso de Deus Pai e que estás aqui entre nós, vivo e intercedendo por mim, amando-me e querendo ajudar-me. A Ti entrego-me, porque sei que me queres curar e és onipotente para isso!

Senhor Jesus, rogo-Te: perdoa meus pecados, falhas e omissões, e cura, principalmente em mim, os meus maus hábitos. Quero com Tua graça, perdoar aos que me ofenderam e me magoaram.

Jesus Cristo, meu Deus e meu Amigo, neste instante aceito-Te com o meu amado Salvador e Senhor, único dono de todas as áreas do meu ser, de tudo o que sou e do que possuo.

Jesus, meu Senhor e Rei, peço-Te que entres agora na minha vida e permaneças comigo, conforme Tu prometestes: "Estarei sempre contigo, até o fim dos tempos". Eu creio em Tua Palavra.

Senhor Jesus, entrego-Te, neste momento, a minha mente, a minha vontade e toda a minha vida, pois quero que sejas o centro do meu viver, não mais sendo o egoísmo o centro da minha vida.

Meu Redentor e meu Irmão, mostra-me o propósito maravilhoso que tens para a minha vida neste mundo e na eternidade. Eu aceito o plano amoroso e salvador do Pai Eterno para mim.

Meu Senhor e meu Deus, dá-me a Tua paz e o Teu poder para que eu possa agradar-Te em todos os meus atos, aceitar minhas atuais condições e as condições futuras que bondosamente planejas.

Senhor Jesus, renova-me totalmente, porque sei que é esta a Tua vontade para mim agora.

Agradeço-Te, meu Senhor e meu Deus, porque estás me curando e me ungindo com o Teu poder infinito e Teu eterno amor, que cura e salva. Agradeço-Te o Teu grande interesse por mim, porque sei que Tua salvação se estende a todas as áreas do meu ser para me curar.

Meu Jesus, peço-Te: passeia nos corredores da minha mente, do subconsciente e inconsciente, apagando todas as lembranças dolorosas e irrigando-me totalmente com Teu Sangue salvador, tanto meu cérebro como todas as demais áreas que carecem de saúde.

Meu Salvador, creio na Tua promessa de que a todos os que te recebem no coração, Tu dás o poder de serem feitos filhos de Deus Pai (cf. Jo 1,12). Creio que, neste instante, recebi o Espírito de adoção filial e renasci como filhinho de Teu Pai Celestial, e o amo como meu Eterno Pai.

Jesus Cristo, Senhor Todo-Poderoso do universo, creio também que Deus Pai nos dá vida eterna quando Te aceitamos como Salvador, porque a Fonte da Vida sem fim está em Ti, no poder da Tua Cruz, aceita por Ti para nossa salvação e eterna felicidade.

Sei, meu bom Jesus, que sofreste a paixão por amor a mim e Te agradeço muito pelo Teu grande amor.

Senhor Jesus, salva-me e retira-me do meio da tristeza para eu celebrar alegremente Teu Santo Nome de Redentor e Libertador do universo, e me gloriar no louvor do Pai Celestial!

Meu Senhor e Salvador Jesus, creio que ressuscitaste e estás, neste instante, sentado à direita do Pai Celestial, no Teu trono de Glória, intercedendo por mim e pelos que amas!

Jesus, Filho de Davi, preciso de Ti, vinde curar-me, salvar-me e libertar-me de todo mal!

Senhor Jesus, creio que neste instante me libertaste de toda enfermidade e Te agradeço!

Jesus, meu Senhor e meu Deus, peço-Te que também cures todas as pessoas que sofrem!

Amém, Aleluia! Louvemos o Senhor! Glórias, Senhor Jesus Cristo!

Rogai por mim, ó Virgem Santa, e envolvei-me no Teu manto de proteção. **Amém!**

## 56. ORAÇÃO PARA PEDIR A CURA INTERIOR

Senhor Jesus, que viestes para curar os corações feridos e atribulados, pedimo-vos que cureis os traumas que provocam a perturbação no nosso coração; pedimo-vos de modo particular que cureis os que são causa de algum pecado. Pedimo-vos que entreis em nossa vida, que nos cureis os traumas psíquicos que nos foram causados na infância e cujas feridas têm tido repercussões ao longo de toda a nossa vida.

Senhor Jesus, Vós conheceis os nossos problemas, e nós os pomos todos no Vosso Coração de Bom Pastor.

Pedimo-Vos por esta grande chaga aberta em Vosso Coração Sagrado, que cureis as pequenas feridas que estão nos nossos.

Curai as feridas da nossa memória para que nada do que nos aconteceu no passado nos deixe permanecer na dor, na angústia, na preocupação.

Curai, Senhor, todas aquelas feridas que, na nossa vida, aconteceram originadas por causas de raízes de pecado.

Queremos perdoar a todas as pessoas que nos ofenderam. Libertai-nos desta ferida interior que nos tornou incapazes de perdoar. Vós que viestes para curar os corações atribulados, curai o nosso coração.

Curai, Senhor, aquelas feridas íntimas que são causa de doenças físicas. Nós Vos oferecemos os nossos corações. Aceitai-os, Senhor, purificai-os, e dai-nos os sentimentos do Vosso Divino Coração.

Concedei-nos, Senhor, a cura da dor que nos oprime por causa da morte de alguma pessoa querida. Dai-nos a graça de readquirir a paz e a alegria na certeza de que Vós sois a ressurreição e a vida.

Fazei de nós testemunhas autênticas de Vossa ressurreição, da Vossa vitória sobre o pecado e a morte, da Vossa presença de Senhor Vivo no meio de nós.

**Pai-nosso - Ave-Maria - Glória.**

## 57. ORAÇÃO PELA CONVERSÃO E LIBERTAÇÃO

Senhor, Pai Eterno, em Nome do teu Filho, Nosso Senhor Jesus Cristo †, derrubamos, com o poder do Espírito Santo, todas as fortalezas da mentira, engano, escravidão espiritual, presunção e orgulho na vida de...

Senhor Pai Amoroso, usando a autoridade que nos foi concedida pelo Senhor Ressuscitado, vencedor de todo mal e da morte eterna, derrubamos as barreiras que se levantam em... contra Teu conhecimento e adoração.

Senhor Pai Justo e Santo, em Nome de Cristo Ressuscitado, único Senhor do universo, nós agora expulsamos de... todas as trevas e influências malignas em todas as áreas do seu ser, assim como todo e qualquer domínio que Teu inimigo, Senhor, possa ter sobre...

Neste instante, pelo Sangue do Senhor Jesus, que está na Sua glória intercedendo por nós, libertamos... para que ele viva reconciliado Contigo, se converta, confesse seus pecados e seja, doravante, Teu(Tua) filho(a) obediente. E agradecemos por isto, Senhor.

Pela Autoridade do Nome onipotente do Senhor Jesus †, eu quebro todo poder de satanás sobre a vida de..., e reclamo sua salvação, cura e libertação de todo malefício, feitiçaria, ocultismos, insegurança, medo, para que "a sua alegria seja perfeita" e o Sangue precioso do Senhor Jesus produza em... os frutos do Espírito Santo.

Santa Maria, Mãe de Deus, roga por este teu (tua) filho(a)... por sua conversão, salvação e libertação.

**Amém e Amém! Creio em Deus Pai Todo-Poderoso...**

## 57A. ORAÇÃO PARA CURA DE TRAUMAS

Senhor, coloco-me diante de Ti em atitude de oração. Sei que Tu me ouves, penetras e vês. Sei que estou em Ti e que Tua força está em mim. Olhai para minha vida, para todos os acontecimentos do meu passado. Tu sabes, Senhor, o quanto me custa sofrer por lembranças dolorosas e traumas. Sei que Tu não Te alegras com o sofrimento dos Teus Filhos.

Dai-me, Senhor, força e coragem para vencer os momentos de desespero e de cansaço. Torna-me paciente e compreensivo, simples e modesto. Neste momento, ofereço-Te todas as minhas preocupações, angústias e sofrimentos, para que eu seja mais digno de Ti.

Libertai-me no poder do Teu Nome de todos os traumas...., que trazem consequências à minha vida hoje, até impedindo-me de amar e de viver a Tua Palavra.

Aceitai, Senhor, que eu una meus sofrimentos aos sofrimentos do teu Filho Jesus, que, por amor aos homens, deu a vida no alto da cruz. E agora peço-Te, Senhor: ajuda todos os que sofrem de distúrbios emocionais, doenças psíquicas, e dai a todos a plenitude de vida que só Tu podes nos conceder. **Amém!**

**Pai-nosso, Ave-Maria e Glória.**

## 58. ORAÇÃO DE QUEBRA DE MALDIÇÃO

Senhor Jesus Cristo, creio que Tu és o Filho de Deus e o único caminho para Deus, que morreste na cruz por meus pecados e por mim foste ressuscitado dos mortos.

Com fundamento no que fizestes por mim, eu creio que as reivindicações de satanás contra mim estão canceladas em tua cruz.

E assim, † Senhor Jesus Cristo, eu me submeto a Ti e me comprometo a servir-Te e a obedecer-Te. Nesta base, eu tomo posição contra qualquer força maligna das trevas que, de alguma forma, tenha vindo à minha vida – quer por meus próprios atos, quer por atos de minha família ou de meus antepassados, ou de alguma coisa mais que eu não esteja a par. Onde quer que haja sombra na minha vida, quaisquer forças malignas, eu renuncio a elas agora, Senhor.

Recuso-me a submeter-me a elas por mais tempo, e no Nome poderoso de Jesus, † o Filho de Deus, tomo autoridade sobre todas as forças do mal que me atormentam, desligo-me delas e liberto-me totalmente do seu poder.

Eu invoco o Espírito Santo de Deus a invadir o meu ser e a fazer minha libertação e desligamento do mal, inteira e real- mente, como somente o Espírito de Deus pode fazer.

Em nome de Jesus Cristo. **Amém!**

**Creio em Deus Pai Todo-Poderoso...**

## 59. ORAÇÃO PARA LIBERTAÇÃO DE JULGO HEREDITÁRIO

Pai de misericórdia,..., Teu(tua) filho(a) antes de ser gerado, já era Teu filho(a). Tu sabes suas necessidades. Tu sabes tudo o que o (a) oprime. Por isso, Pai, eu te peço que desfaças na vida de... todo o mal. Quebra, Senhor, todo jugo hereditário negativo de... que caiu sobre ele(a). Quebra toda maldição, praga, feitiço, que possam ter recaído sobre esse teu(tua) filho(a). Desfaze, no poder do Sangue de Jesus, todo pacto ou aliança que seus ancestrais fizeram com satanás. Que eles sejam perdoados no Sangue de Jesus e que seja livre para te servir. **Amém!**

Jesus, Tu vieste para nos salvar. Teu Sangue foi derramado para nossa salvação. Tu amas... e queres salvá-lo(a). Por isso, nós te pedimos, Jesus, que o Teu Sangue caia poderosamente sobre a mente de..., quebrando todos os anéis do mal que aí estão escondidos. Desfazei, Jesus, todo jugo hereditário negativo que pesa sobre... principalmente do álcool e do fumo. Libertai esse(a) Teu(tua) irmão(ã) pelo poder do Teu Sangue redentor. **Amém!**

Espírito Santo, Tu és luz! Tua luz pode penetrar o mais profundo do nosso ser, curando-nos de todo mal. Peço-te, Espírito Santo, que derrames a Tua luz sobre..., liber-tando-o(a) de todos os grilhões do mal e de todo laço, tropeço e armadilha de satanás. Que Deus seja sempre louvado e adorado na vida de..., e que pelo poder do Nome de Jesus †, o inimigo seja acorrentado e impedido de voltar a atormentá-lo(a).

Rogo por este teu(tua) filho(a), ó Virgem Maria, Mãe de Deus.

**Amém e Amém!**

**Credo, Pai-nosso, Ave-Maria e Glória.**

## 60. ORAÇÃO DE BÊNÇÃO POR INTERCESSÃO DE ALGUÉM

(*Obs.:* Esta oração deve ser feita como Novena, em favor de uma pessoa que tenha amarras espirituais porque outras pessoas guardam mágoas dela. Onde houver "..." falar o nome da pessoa por quem está se fazendo esta Novena).

Senhor, a Tua Palavra diz que, em Teu Nome, devo abençoar as pessoas: as que amo, aquelas que ainda não consigo amar, e aquelas pelas quais o Senhor me pede para interceder.

Eu sei, Jesus, que a bênção é fruto do Teu amor dentro de mim e agindo através de mim. Por isso, eu agora Te peço: enche o meu coração com o Teu amor para que todas estas pessoas sejam atingidas, agora, por Teu amor. (Medite um instante).

Sim, Senhor, creio que neste momento o Teu amor está me plenificando, e com este amor posso agora abençoar: Senhor, que a Tua bênção, durante esta Novena, restaure o coração de(a)... e o(a) encha de amor e paz, e de todos os bens os quais Te agrade a ele (a) conceder.

Em nome de(a)..., eu abençoo todas as pessoas que de-le(a) guardaram rancor e mágoa, e também as perdoo por todo mal que possam ter feito contra...

Abençoo, em teu Nome, † Senhor Jesus Cristo, tudo que o(a) cerca: sua casa, seu trabalho, seus empreendimentos, seus entes queridos e todos os bens que lhe destes.

Por esta bênção, Senhor, eu Te agradeço. E agora, Jesus, peço-Te que nos abençoes e nos capacite a viver sob as Tuas bênçãos.

Ó Maria Imaculada, medianeira de todas as graças, confirma em nós as bênçãos do Senhor! **Amém!**

**Credo, Pai-nosso, Ave-Maria e Glória.**

Divino Espírito Santo, **iluminai-nos! (3x)**

## *60A. BÊNÇÃO DE LUGARES TUMULTUADOS*

*Bênção de uma casa*

*Padre:* O nosso socorro está no Nome † do Senhor *Todos:* Que fez o céu e a terra. *Padre:* O Senhor esteja convosco. *Todos:* Ele está no meio de nós.

**Oremos:**

Deus Todo Poderoso, imploramos com fé por esta casa, por seus ocupantes e bens, para que o Senhor os abençoe e santifique, enriquecendo-os por sua bondade de todas as maneiras possíveis. Derramo sobre eles, Senhor, o orvalho do céu em boa medida, bem como uma abundância de bens terrenos necessários. Escutai com misericórdia suas orações e permita que seus desejos sejam realizados. Em nossa humilde visita, por favor, de boa vontade abençoe esta casa, como o Senhor de boa vontade abençoou a casa de Abraão, Isaac e Jacó. Dentro destes muros, permita que seus anjos de luz presidam e guardem os que aqui habitam. Por Cristo, nosso Senhor.

*Todos:* Amém. (a porta de entrada é aspergida com água benta)

## 61. ORAÇÃO PARA CORTAR OS LAÇOS DO PASSADO

Em nome de minha família, rejeito toda influência má que me foi transferida por minha família. Eu quebro todos os pactos, alianças de sangue, todos os acordos com o demônio, *em Nome de † Jesus Cristo* (3x).

Coloco o Sangue de Jesus e a Cruz de Jesus em cada geração de minha família. E em Nome de Jesus † eu amarro todos os espíritos de hereditariedade má de nossas gerações e ordeno que saiam, *em Nome de † Jesus Cristo* (3x).

Pai, em nome de minha família, eu vos peço perdão por todos os pecados do espírito, por todos os pecados da mente, e por todos os pecados do corpo.

Peço perdão para todos os meus ancestrais. Eu peço o vosso perdão, por todos aqueles que eles magoaram de alguma forma, e aceito o perdão em nome de meus ancestrais, daqueles que os magoaram.

Pai celestial, pelo Sangue de Jesus, hoje peço que leveis todos os meus parentes mortos, à luz do céu.

Agradeço, Pai celestial, por todos os meus parentes e ancestrais que vos amaram e vos adoraram, e transmiti-ram a fé aos seus descendentes.

Obrigado, Pai! Obrigado, Jesus! Obrigado, Espírito Santo!

**Amém!**

**Pai-nosso, Ave-Maria e Glória.**

## 62. ORAÇÃO DE LIBERTAÇÃO

Ó Senhor, vós sois grande, vós sois Deus, vós sois Pai. Nós vos pedimos, pela intercessão e auxílio dos Arcanjos Miguel, Rafael e Gabriel, que os nossos irmãos e irmãs sejam libertos do Maligno, que os tornou seus escravos. Vós, todos os Santos, vinde em nosso auxílio.

Da angústia, da tristeza, da obsessão, nós vos pedimos... **livrai-nos, Senhor.**

Do ódio, da fornicação, da inveja, nós vos pedimos... **livrai-nos, Senhor.**

Dos pensamentos de ciúme, de raiva, de morte, nós vos pedimos... **livrai-nos, Senhor.**

De todos os pensamentos de suicídio e de aborto, nós vos pedimos... **livrai-nos, Senhor.**

De todas as formas de sexualidade desordenada, nós vos pedimos... **livrai-nos, Senhor.**

Da divisão da família, de toda a amizade que nos afasta do bem, nós vos pedimos... **livrai-nos, Senhor.**

De todas as formas de malefícios, de feitiçaria, de bruxaria e de qualquer mal oculto, nós vos pedimos... **livrai-nos, Senhor.**

Ó Senhor, que dissestes: "deixo-vos a paz, dou-vos a minha paz", concedei-nos, por intercessão da Virgem Maria, a libertação de todas as maldições e a graça de gozarmos sempre da vossa paz. Por Cristo Nosso Senhor. **Amém!**

**Pai-nosso, Ave-Maria e Glória.**

## 63. ORAÇÃO CONTRA TODOS OS MALES

(Para ser usada também na Oração de Queima)

Deus Pai, Deus Filho, † Deus Espírito Santo, ó Santíssima Trindade, descei sobre nós. Ó Virgem Imaculada, Anjos, Arcanjos e Santos do paraíso, intercedei por nós.

Fortalecei-nos, Espírito Santo. Formai-nos, enchei-nos de vós, e servi-vos de nós. Expulsai de nós todas as forças do mal, aniquilai-as, destrói-as, para que fiquemos bem e possamos praticar o bem.

Afastai de nós os malefícios, a bruxaria, a magia negra, as missas negras, os feitiços, as amarrações, as maldições, os maus olhados, a infestação diabólica, a possessão diabólica, a obsessão diabólica; tudo o que é mal, pecado, ódio, inveja e perfídia; a doença física, psíquica, moral, espiritual e diabólica.

Queimai todos esses males no inferno para que nunca mais nos possam prejudicar, nem a nenhuma outra criatura do mundo.

Com a força de Deus Todo-Poderoso, em nome de Jesus Cristo †, o Redentor, e pela intercessão da Virgem Imaculada, ó Deus Espírito Santo: ordenai a todo mal presente, a todos os espíritos impuros, que nos deixem imediatamente para nunca mais voltar, que vão para o fogo eterno, acorrentados pelo Arcanjo Miguel, por São Gabriel, São Rafael e por nossos santos, Anjos da Guarda, e esmagados pelos pés da Santíssima Virgem Imaculada.

**Creio, Pai-nosso, Ave-Maria e Glória.**

## 64. ORAÇÃO DA QUEIMA

*(Reservada aos sacerdotes)*

Deus Pai Todo-Poderoso, entre os muitos privilégios que reservastes aos Vossos Sacerdotes, incluístes este, que tudo quanto fizermos dignamente em Vosso Nome e exatamente segundo os Vossos preceitos, terão o mesmo valor que sendo Vós mesmo a fazê-lo.

Deus Santo e Eterno, pedimos à Vossa Infinita Misericórdia que, ao pronunciarmos a Vossa Bênção, sejam abençoados por Vós todos os lugares, nomes e intenções colocadas nestas folhas de papel, que Vos apresentamos.

Tu, que és Onisciente, tendo em conta os méritos de Vossa Santíssima Mãe, a Virgem Maria, e dos Vossos Santos, nossos intercessores, libertai e renovai nossas vidas, apesar de toda fraqueza; e que as forças do mal e seus causadores fujam, e que o Anjo da Paz, com suas graças nos proteja, nos fortaleça e nos defenda.

Deus, todo Bondoso e Eterno, só Vós sois onipresente e operais poderosamente em todos os lugares, pois Vossa soberania é universal, ouvi nossas súplicas. Sede Vós mesmo o protetor destas pessoas — lugares e de suas gerações passadas, para que nelas não opere nenhum poder maligno, mas que pela força de Vossa Santa Cruz, Vos seja oferecido um louvor e chegue diante de Vossos olhos nossas ações de graças, para que assim reine a Vossa paz, que só Vós concedeis àqueles que Vos adoram e que Vos invocam.

Vinde, Senhor Deus, defendei e protegei com Vosso auxílio permanente todos aqueles que confiam na redenção que nos alcançastes pela Vossa Cruz, e através destas chamas de fogo, desfazei poderosamente todo o mal que aí possa estar representado, e que tais forças malignas não possam mais vir atormentar ou prejudicar nenhum destes Vossos filhos. Por † Jesus Cristo Nosso Senhor, no poder e na força do Divino Espírito Santo. **Amém!**

## 65. ORAÇÃO DE RESISTÊNCIA

Satanás, levantamos nosso escudo da fé contra ti e te resistimos com a espada do Espírito Santo, a Palavra de Deus que proclama o teu julgamento como falso deus, acusador e afligidor dos filhos do Altíssimo. Anunciamos que estão destruídas as tuas obras em nossas vidas e na vida de nossos familiares, companheiros de Equipe, e servos dos ministérios...

Pelo poder do Sangue de Jesus Cristo † rejeitamos e quebramos todas as malignas pragas, maldições, encantamentos, rituais, poderes psíquicos e obras de feitiçaria enviadas para derrotar ou destruir nossas vidas e ministérios.

Resistimos a todos os poderes demoníacos enviados contra nós por quem quer que seja. Ordenamos a todos os poderes do mal que voltem imediatamente para o lugar de onde vieram. No Nome de Jesus, abençoamos os que nos amaldiçoaram. Enviamos o Espírito Santo a eles para que os convença de seus pecados e os leve para a Sua luz, e os envolva na misericórdia do Deus Vivo.

Assim seja, em Nome do Senhor Nosso Deus. **Amém! Credo, Pai-nosso, Ave-Maria e Glória.**

## 66. ORAÇÃO CONTRA O MAL

Senhor Nosso Deus, Soberano Eterno, Todo-Poderoso, a quem tudo pertence, Vós que tudo fizestes e que tudo podeis transformar segundo a Vossa vontade, Vós que na Babilônia transformastes as chamas da fornalha ardente, ateada sete vezes mais, em orvalho, e assim protegestes e salvastes os Vossos três jovens santos. Vós que sois o médico e o remédio das nossas almas, Vós que sois a salvação daqueles que se Vos dirigem, nós vos pedimos e suplicamos que frustreis, expulseis e ponhais em fuga toda a potência diabólica, toda a presença e maquinação satânica, toda a influência maligna e todo malefício e mau olhado que pessoas maléficas e malvadas dirigiram ao vosso servo... Fazei que, em vez da inveja e do malefício, lhe seja concedida abundância de bens, fortaleza, sucesso e amor ao próximo.

Vós, Senhor, que amais os homens, estendei as Vossas mãos poderosas e os Vossos braços altíssimos e fortíssimos e visitai e vinde socorrer este Vosso servo criado à vossa imagem, enviando sobre ele o Anjo da Paz, o protetor forte da alma e do corpo para que afaste e expulse toda força malvada e mal infligido por parte de pessoas más e invejosas sobre sua vida, sobre sua família ou seu trabalho e ministério. Assim, liberto por vós, este vosso protegido vos cante com gratidão: **"O Senhor é o meu auxílio, não temerei o que os homens me possam fa-**

zer". **"Não temerei o mal porque Vós estais comigo, vós sois o meu Deus, a minha força, o meu Senhor Poderoso, Senhor da Paz, o Pai dos séculos futuros".**

Sim, Senhor nosso Deus, tende compaixão e salvai o vosso servo... de todos os danos ou ameaças provenientes de malefícios e protegei-o pondo-o a salvo de todo mal, por intercessão da bendita, gloriosa Senhora e Mãe de Deus e sempre Virgem Maria, dos Arcanjos que refletem a vossa glória e de todos os vossos santos. **Amém! Pai-nosso...**

## 67. ORAÇÃO PELA VITÓRIA

Vinde, Espírito Santo, e iluminai nossa mente com a luz do céu. Removei todos os obstáculos que possam existir em nós e que nos impedem de caminhar na luz. Enche-nos de esperança renovada. Fortalecei-nos para que possamos permanecer firmes na verdade de Cristo. Ajudai-nos a usar com sabedoria os dons recebidos, para a honra e glória de Deus.

Senhor Jesus, convidamos-Te a entrar em nosso coração e em nossa alma, em nosso corpo e em nossa mente. Pedimos-Te que caminhes conosco em nossa jornada por este mundo repleto de pecado e de escuridão. Ajuda-nos a ficar sempre em união Contigo e com o Espírito Santo. Que nossa vontade se una à Tua para fazer a vontade do Teu Pai, do nosso Pai celestial.

Amado Pai, humildemente nos submetemos a Ti e pedimos que veles por nós e nos protejas de todo mal. Aceitamos prontamente tudo aquilo que, em Tua Providência, nos tens dado. Nós Te amamos e sabemos que Tu nos amas. Ajuda-nos a conhecer cada vez mais o amor à medida que somos iluminados pela luz de Cristo.

Maria, Mãe querida, pedimos que venhas e fiques conosco. Convidamos-Te a entrar em nosso coração e pedimos que nos conduzas cada vez para mais perto do teu Filho e nosso Salvador, Jesus Cristo. Como nossa Mãe no céu, vela por nós e envia teus anjos para que nos guardem e protejam.

Pedimos que conduzas os santos a constantemente intercederem por nós junto ao Pai. Pedimos que, como nossa Mãe amadíssima, intercedas sempre por nós junto às três Pessoas da Santíssima Trindade, de modo que possamos caminhar fiel e vitoriosamente no caminho da vida. Oramos em nome de Jesus. † **Amém! Aleluia! Amém!**

## 68. ORAÇÃO DE SÃO BENTO

**A Cruz Sagrada † seja a minha Luz.**

**Não seja o dragão o meu guia.**

**Retira-te, satanás.**

**Nunca me aconselhes coisas vãs.**

**É mau o que tu ofereces.**

**Beba tu mesmo o teu veneno.**

Ó mestre de vida celeste, doutor e guia no caminho da perfeição, grande São Bento, vós cuja alma bem-aventurada goza da felicidade eterna no seio de Deus, velai sobre o rebanho fiel, fortificai-o com vossas orações e introduzi-o no céu, pelo caminho brilhante que tendes tão gloriosamente precedido. Assim seja.

São Bento, que outrora ganhastes o mundo para o Senhor, **fazei dos povos de hoje, um reino de paz e de amor. Amém!**

## 69. ORAÇÃO EM TEMPO DE COMBATE ESPIRITUAL

Pai celestial, Eu,..., ajoelho-me em adoração e louvor diante de Ti. Eu,..., cubro-me com o Sangue do Senhor Jesus Cristo para me proteger durante este tempo de oração. Eu,..., submeto-me a Ti, completamente e sem reservas, em todos os setores de minha vida. Posiciono-me contra toda operação de satanás que possa me impedir este período de oração, e me dirijo exclusivamente ao Deus vivo e verdadeiro, recusando-me a qualquer envolvimento com satanás em minha oração.

Satanás, eu,..., ordeno-te, em Nome do Senhor Jesus Cristo †, que saias da minha presença com todos os teus demônios e eu,... coloco o Sangue do Senhor Jesus Cristo entre nós.

Pai celestial, eu,..., adoro-Te e louvo-Te. Reconheço que és digno de receber toda glória, honra e louvor. Renovo minha fidelidade a Ti e oro para que o bendito Espírito Santo me capacite neste momento. Sinto-me grato(a), Pai celestial, por teres me amado desde a Eternidade e por teres enviado o Senhor Jesus Cristo a este mundo para morrer como meu substituto, a fim de que eu,..., seja redimido(a). Sinto-me grato(a) porque o Senhor Jesus Cristo veio como meu representante e porque, através d'Ele, Tu me perdoaste completamente; deste-me a vida eterna; deste-me a justiça perfeita do Senhor Jesus

Cristo, de modo que estou agora justificado(a). Sinto-me grato(a) porque n'Ele me fizeste completo(a) e porque O ofereceste a mim para ser minha ajuda e força diárias.

Pai celestial, vinde e abre meus olhos para que possa ver como Tu és grande e como Tua provisão é completa para este novo dia. Em Nome do Senhor Jesus Cristo † assumirei minha posição com Cristo nos lugares celestiais, com todos os principados e potestades (poderes da trevas e espíritos malignos) sob os meus pés. Sinto-me grato(a) porque a vitória que o Senhor Jesus Cristo obteve para mim na Cruz e na Sua Ressurreição foi-me dada e porque estou assentado(a) com o Senhor Jesus Cristo nos lugares celestiais. Portanto, eu,..., declaro que todos os principados e potestades e todos os espíritos malignos são-me sujeitos no Nome do Senhor † Jesus Cristo.

Sinto-me grato(a) pela armadura que me providenciaste. Eu,..., cinjo-me com a Verdade, revisto-me com a couraça da Justiça, calço as sandálias da Paz e coloco o capacete da Salvação. Levanto o escudo da Fé contra todos os ardentes dardos do Inimigo e tomo em minha mão a espada do Espírito, que é a palavra de Deus e uso Tua Palavra contra todas as forças do Mal em minha vida. Eu,..., revisto-me desta armadura, vivendo e orando em completa dependência de Ti, bendito Espírito Santo.

Sinto-me grato(a), Pai celestial, porque o Senhor Jesus Cristo desfez todos os principados e potestades e os desmascarou e triunfou sobre eles n'Ele mesmo. Reivindico toda esta vitória para minha vida hoje. Rejeito em minha vida todas as insinuações e tentações de satanás. Afirmo que a Palavra de Deus é verdadeira e faço a escolha de viver hoje na luz da Tua Palavra.

Eu,..., faço a escolha, Pai celestial, de viver em obediência a Ti e em comunhão Contigo. Abre os meus olhos e mostra-me as áreas de minha vida que não Te agradam. Opera em minha vida para que não haja nela nenhuma base para satanás tomar posição segura contra mim. Mostra-me qualquer área de fraqueza. Mostra-me qualquer área de minha vida, na qual devo modificar algo para Te ser agradável. De todas as maneiras, no dia de hoje, colocar-me-ei a Teu lado e sob o ministério do Espírito Santo em minha vida.

Pela Fé e na dependência de Ti, eu,..., dispo-me do velho homem e permaneço dentro de toda vitória da Crucificação onde o Senhor Jesus Cristo forneceu a purificação da velha natureza. Eu,..., revisto-me do novo homem e permaneço dentro de toda vitória e de toda provisão que Ele fez por mim na Ressurreição para que viva acima do pecado.

Portanto, neste dia, eu,..., desvencilho-me da velha natureza com seu egoísmo e me revisto da nova natureza com seu amor.

Eu,..., desvencilho-me da velha natureza com seu medo e me revisto da nova natureza com sua força. Hoje me desvencilho da velha natureza com todas as suas enganosas concupiscências e me revisto da nova natureza com toda a sua justiça e pureza.

Sob todos os aspectos eu,..., coloco-me na vitória da Ascensão e Glorificação do Filho de Deus onde todos os principados e potestades Lhe foram sujeitos, eu,..., reivindico o meu lugar em Cristo, vitorioso (a) com Ele, sobre todos os inimigos da minha alma.

Bendito Espírito Santo, eu,..., peço-Te que me enchas. Entra em minha vida, derruba todos os ídolos e expulsa todos os inimigos.

Sinto-me grato(a), Pai celestial, pela expressão da Tua Vontade para minha vida diária conforme me mostraste na Tua Palavra. Por isso, reivindico toda a Vontade de Deus para hoje. Sinto-me grato(a) por me teres abençoado com todas as bênçãos espirituais nos lugares celestiais em Cristo Jesus. Sinto-me grato(a) porque Tu me criaste para uma esperança viva através da Ressurreição de Jesus Cristo dentre os mortos. Sinto-me grato(a) porque Tu fizeste uma provisão tal que hoje eu,..., posso viver cheio(a) do Espírito de Deus, com amor, alegria e autocontrole em minha vida.

E eu,..., reconheço que esta é a Tua Vontade para mim e, por isso, rejeito e resisto a todas as tentativas de satanás e seus demônios de me roubarem a vontade de Deus. Recuso-me, no dia de hoje, a crer em meus próprios sentimentos e levanto o escudo da Fé contra todas as acusações e todas as insinuações que satanás venha colocar em minha frente. Eu,... reclamo a plenitude da Vontade de Deus para o dia, de hoje.

Em Nome do Senhor Jesus Cristo †, eu,..., submeto-me completamente a Ti, Pai celestial, como um sacrifício vivo. Eu,..., faço a escolha de ser transformado pela renovação de minha mente e peço que Tu me mostres Tua Vontade e me capacites a andar em toda a plenitude da Vontade de Deus para o dia de hoje.

Sinto-me grato(a), Pai celestial, porque as armas de nosso conflito não são carnais, mas poderosas para, por meio de Deus, derrubar as fortalezas, para desfazer as imaginações e todas as coisas altivas que se exaltaram contra o conhecimento de Deus, trazendo cativo cada pensamento em obediência ao Senhor Jesus Cristo. Portanto, em minha própria vida, no dia de hoje, eu,..., derrubo as fortalezas de satanás e esmago os planos que ele armou contra mim. Eu,..., derrubo as fortalezas de satanás contra minha mente e submeto minha mente a Ti, bendito Espírito Santo. Eu,..., afirmo, Pai celestial, que Tu não nos concedeste o espírito de temor, mas de poder e amor e de uma mente sã. Eu,..., derrubo e esmago as fortalezas que satanás levantou contra minhas emoções no dia de hoje, e entrego minhas emoções a Ti. Eu,..., esmago as fortalezas que satanás levantou contra minha vontade no dia de hoje e a entrego a Ti, fazendo a escolha de tomar as decisões da Fé que são convenientes. Eu,..., esmago as fortalezas que satanás armou contra meu corpo hoje e entrego meu corpo a ti, reconhecendo que sou Teu templo; e me regozijo em Tua Misericórdia e Tua Bondade.

Pai celestial, peço agora que através deste dia Tu me vivifiques. Mostra-me como satanás está impedindo, tentando, mentindo, dissimulando e distorcendo a verdade em minha vida. Capacita-me a ser a espécie de pessoa que Te seja agradável. Capacita-me a ser ousado(a) na oração. Capacita-me a ser mentalmente audacioso(a), a pensar os Teus pensamentos de acordo Contigo e a dar-Te o Teu lugar de direito em minha vida.

Novamente, eu..., cubro-me com o Sangue do Senhor Jesus Cristo e oro para que Tu, bendito Espírito Santo, coloques toda obra da Crucificação, toda obra da Ressurreição, toda obra da Glorificação e toda obra do Pentecostes em minha vida no dia de hoje. Eu..., submeto-me a Ti. Eu..., recuso-me a ser desencorajado(a). Tu és o Deus de toda esperança. Tu tens provado o Teu Poder ressuscitando Jesus Cristo dos mortos e eu,..., reivindico de todas as maneiras a tua vitória sobre todas as forças satânicas em minha vida. Rejeito essas forças.

Eu,..., oro em Nome do Senhor Jesus Cristo † e com ação de graças. **Amém!**

**Credo.**

*Pequeno exorcismo*

Pelos Santíssimos Nomes de Jesus e Maria, ordeno-vos, espíritos diabólicos, afastai-vos de mim e deste lugar e não ouseis mais tentar-me e prejudicar-me!

Jesus! Maria! (3x) São Miguel Arcanjo, **defendei-nos e protegei-nos.** Santos Anjos da Guarda, **preservai-nos das ciladas do inimigo. Pai-nosso, Ave-Maria e Glória.** Ó Maria, concebida sem pecado, *Rogai por nós que recorremos a vós.*

## 70. ORAÇÃO PELOS DOENTES

Senhor, Vós que miraculosamente operastes tantas curas, olhai com amor os enfermos do mundo inteiro. Permiti-nos que Vos apresentemos esses doentes, como outrora eram apresentados aqueles que, necessitados, solicitavam o Vosso auxílio quando vivíeis nesta terra.

Eis aqueles que desde muito são provados pela doença e não veem o fim de sua provação. Eis os que subitamente ficaram paralisados pela enfermidade e tiveram de renunciar às suas atividades e ao seu trabalho.

Eis os que têm encargos de família e não conseguem mais responder por eles, por causa de seu estado de saúde.

Eis os que sofrem em seu corpo ou em sua alma de uma doença que os entristece. Eis os deprimidos pesadamente por seus desgastes de saúde e cuja coragem precisa ser reerguida.

Eis os que não têm nenhuma esperança de cura, e que sentem declinar suas forças. Eis todos os doentes que amais, todos os que reclamam o Vosso apoio e a melhora de seu estado. Eis todos aqueles cujos corpos feridos se tornam semelhantes ao Vosso corpo imolado sobre a cruz.

Senhor, confortai com Vossa graça todos esses doentes. Fazei que nenhum deles fique sem nossa visita, sem nosso amparo, sem nossa palavra de conforto.

Senhor, quando nós formos provados pela doença, fazei que saibamos unir nossas dores à Vossa cruz.

Senhor, fazei-nos lutar para terminar com os sofrimentos causados pela injustiça, pela maldade dos homens. **Amém!**

*Credo, Pai-nosso, Ave-Maria e Glória.*

## 71. ORAÇÃO PELA PÁTRIA

Senhor Jesus Cristo, Divino Salvador nosso, que dissestes: "Pedi e se vos dará. Buscai e achareis. Bateis e vos será aberto" (Mt 7,7), nós Vos rogamos que olheis, com misericórdia, a nação brasileira que desde o início foi consagrada como a Terra de Santa Cruz, e que com tanta predileção, tendes amado.

Derramai, Jesus amorosíssimo, sobre a nossa pátria o Vosso amor, não obstante nossas culpas.

Mantende-a na Fé Católica, Apostólica, Romana; conservai-a na sua unidade, a fim de que, sendo pela Vossa graça defendida contra todos os erros e livre de toda dissensão, dedicada unicamente ao Vosso serviço em justiça e santidade, possa caminhar, constantemente, ao fim que lhe propusestes e merecer que sejais sempre o seu Protetor e chefe.

Nós Vo-lo pedimos pelos merecimentos e intercessão do Santíssimo e Imaculado Coração de Maria, vossa Mãe amorosíssima. Amém.

**Credo, Pai-nosso, Ave-Maria e Glória.**

# 72. ORAÇÃO DE EXORCISMO

**Início da Oração de Exorcismo:**

**Em Nome do Pai, do Filho e do Espírito Santo. Amém!**

"Levanta-se Deus; eis que se dispersam seus inimigos, e fogem diante dele os que o odeiam. Eles se dissipam como a fumaça, como a cera que se derrete ao fogo, assim perecem os maus diante de Deus" (Sl 67).

"Julgai, Senhor, os que me atacam, combate os que me com- batem.

Sejam confundidos e envergonhados os que buscam a minha vida; retrocedam e sejam cobertos de vergonha os que maquinam males contra mim.

Sejam como a palheira levada pelo vento, quando o Anjo do Senhor os acossar.

Seja o seu caminho tenebroso e escorregadio quando o Anjo do Senhor os perseguir.

Porquanto sem razão me estenderam a sua rede, sem razão cobriram-me de ultrajes.

Venha sobre eles de improviso a ruína.

Apanhe-os a rede por eles mesmos preparada.

Eles próprios caiam na armadilha que me prepararam. Então, a minha alma exultará no Senhor, e se alegrará pelo seu auxílio" (Sl 34).

**Glória ao Pai, ao Filho e ao Espírito Santo, assim como era no princípio, agora e sempre. Amém!**

*A São Miguel Arcanjo*

Gloriosíssimo Príncipe da milícia celeste, São Miguel Arcanjo, defendei-nos no combate e na luta contra os principados e as potestades, contra os espíritos dirigentes deste mundo de trevas, contra os espíritos malignos espalhados pelos ares. Vinde em socorro dos homens que Deus criou imortais, e fez à imagem da Sua própria natureza e resgatou por grande preço da tirania do demônio.

Combatei hoje, com o exército dos Anjos bons, o combate do Senhor, assim como outrora lutastes contra Lúcifer, chefe do orgulho, e contra os anjos apóstatas. Eles não prevaleceram, e nem foi mais encontrado o lugar deles no céu, mas foi expulso aquele grande dragão, a antiga serpente, que se chama diabo e satanás, que seduziu todo o orbe; e foi lançado na terra, e seus anjos juntamente com ele.

Eis que o inimigo antigo e homicida se ergueu com veemência. Transfigurado em anjo de luz, com toda a caterva de espíritos maus, circundou e invadiu toda a terra, para que nela destruísse o Nome de Deus e de Seu Cristo e roubasse as almas destinadas à coroa da glória eterna, e as prostrasse e as perdesse na morte eterna.

O dragão maldito transvasou, como rio imundíssimo, o veneno de sua iniquidade, em homens depravados de mente e corruptos de coração; incutiu-lhes o espírito de mentira, impiedade, blasfêmia, e seu hálito mortífero de luxúria, de todos os vícios e iniquidades.

As hostes astuciosíssimas encheram de amargura a Igreja, Esposa Imaculada do Cordeiro, e inebriaram-na com absinto; puseram-se em obras para realizar todos os seus ímpios desígnios. Ali, onde está constituída a sede do Beatíssimo Pedro e Cátedra da Verdade para iluminar os povos, aí colocaram o trono de abominações, para que ferido o Pastor, dispersassem as ovelhas.

Vinde, pois, general invictíssimo, e dai a vitória ao povo de Deus contra as perversidades espirituais que irrompem. A Santa Igreja vos venera como seu guarda e protetor, vos glorifica como defensor contra as potestades abomináveis da terra e dos infernos. Confiou-vos o Senhor a missão de introduzir na felicidade celeste as almas resgatadas. Rogai, pois, ao Deus da paz, que esmague satanás sob nossos pés, a fim de que ele não mais possa manter cativos os homens e fazer mal à Igreja.

Apresentai ao Altíssimo as nossas preces, a fim de que sem tardar o Senhor nos faça misericórdia, e vós contenhais o dragão, a antiga serpente, que é o demônio e satanás, e o lanceis encadeado no abismo, para que não mais seduza as nações.

Desde já, confiados em vossa assistência e proteção, empreendemos com fé e segurança a repelir os assaltos da astúcia diabólica, em Nome de Jesus Cristo, Deus e Senhor Nosso.

Eis a Cruz † do Senhor, fugi, potências inimigas.

**Venceu o Leão da Tribo de Judá, a estirpe de Davi.**

Venha a nós, Senhor, a vossa misericórdia.

**Como esperamos em vós.**

Senhor, escutai minha oração.

**E chegue até vós o meu clamor.**

**Oremos:** Deus e Pai Nosso Senhor Jesus Cristo, invocamos o vosso Santo Nome, e suplicantes, pedimos com instância a vossa clemência, para que, pela intercessão da Imaculada sempre Virgem Maria, Mãe de Deus, do bem-aventurado Miguel Arcanjo, de São José, esposo da mesma bem-aventurada Virgem, dos bem-aventurados Apóstolos Pedro e Paulo e a de todos os Santos, vos digneis auxiliar-nos contra satanás e todos os outros espíritos imundos que vagueiam pelo mundo para fazer mal ao gênero humano e perder as almas. Pelo mesmo Cristo Nosso Senhor. **Amém!**

**Exorcismo**

Nós te exorcizamos, quem quer que sejas, espírito imundo, poder satânico, horda do inimigo infernal, legião, assembleia ou seita diabólica. Em Nome e pelo poder de Jesus Cristo † Nosso Senhor, sê extirpado e expulso da Igreja de Deus, das almas criadas à imagem de Deus e resgatadas pelo Sangue Precioso do Cordeiro Divino.

† Não ouses mais, pérfida serpente, enganar o gênero humano, perseguir a Igreja de Deus, atormentar e joeirar como o trigo os eleitos de Deus †. Ordena-te o Deus Altíssimo †, a quem em tua grande soberba pretendes ainda te igualar, o qual quer que todos os homens se salvem e cheguem ao conhecimento da verdade. Ordena-te Deus Pai †, ordena-te Deus Filho †, ordena-te Deus Espírito Santo †. Ordena-te a majestade de Cristo, Verbo Eterno de Deus feito carne †, que, para salvar nossa humanidade perdida por teu ódio, Se humilhou a Si mesmo, fazendo-Se obediente até à morte, edificou Sua Igreja sobre a rocha firme e decretou que as portas do inferno nunca prevalecerão contra ela, porque permanecerá com ela todos os dias, até a consumação dos séculos.

Ordena-te a virtude oculta da cruz † e o poder de todos os mistérios da fé cristã. Ordena-te a gloriosa Virgem Maria, Mãe de Deus †, que em sua humildade esmagou desde o primeiro instante de Sua Conceição Imaculada, tua cabeça cheia de soberba. Ordena-te † a fé dos Santos Apóstolos Pedro e Paulo e dos outros Apóstolos. Ordena-te † o sangue dos mártires e a piedosa intercessão de todos os santos e santas.

Assim, pois, dragão maldito e toda legião diabólica, nós te conjuramos pelo Deus † verdadeiro, pelo Deus † vivo, pelo Deus † Santo, pelo Deus que amou o mundo a ponto de entregar Seu Filho Unigênito, afim de que quantos creiam n'Ele não pereçam, mas tenham a vida eterna. Cessa de enganar as criaturas humanas e de lhes oferecer o veneno da perdição eterna; cessa de fazer mal à Igreja e de armar laços à sua liberdade.

Vai-te embora, satanás, inventor e mestre da mentira, inimigo da salvação dos homens. Dá lugar a Cristo, em quem nada encontraste de tuas obras. Dá lugar à Igreja, una, santa, católica, apostólica, que o próprio Cristo adquiriu com o Seu Sangue.

Abaixa-te sob a mão poderosa de Deus. Treme e foge à invocação que fazemos do Santo e terrível † Nome de Jesus, a quem os infernos temem, a quem estão sujeitas as virtudes dos céus, as potestades e as dominações, a quem os Querubins e os Serafins louvam num concerto sem fim dizendo: "Santo, Santo, Santo, é o Senhor Deus dos Exércitos".

Senhor, escutai a nossa oração.

**E chegue até vós o nosso clamor.**

**Oremos:** Deus do Céu, Deus da Terra, Deus dos Anjos, Deus dos Arcanjos, Deus dos Patriarcas, Deus dos Profetas, Deus dos Apóstolos, Deus dos Mártires, Deus dos Confessores, Deus das Virgens, Deus que tendes o poder de dar a vida após a morte, o repouso após o trabalho, porque não há outro Deus além de vós, e não pode haver outro senão Vós, o Criador de todas as coisas visíveis e invisíveis, cujo reino não terá fim. Suplicamos humildemente à Vossa gloriosa majestade, que Vos digneis libertar-nos com Vosso poder e guardar-nos incólumes de todo domínio, laço, ardil e perversidade dos espíritos infernais. Por Cristo Nosso Senhor. Amém.

Dos embustes do demônio, **livrai-nos, Senhor.** Que Vossa Igreja vos sirva em tranquila liberdade, nós Vos rogamos, **ouvi-nos, Senhor.** Que vos digneis confundir os inimigos da Santa Igreja, nós Vos rogamos, **ouvi-nos, Senhor.**

Ó Coração Eucarístico de Jesus, por aquela chama de amor na qual ardeste no momento solene no qual Vos dáveis todo a nós na Santíssima Eucaristia, humildemente Vos suplicamos que Vos digneis livrar-nos poderosamente e guardar-nos incólumes de todo poder, laço, engano e malvadez dos espíritos infernais. Assim seja.

Ó Coração Eucarístico de Jesus, **livrai-nos cada vez mais das insídias de satanás.**

## 73. ORAÇÃO DO PERDÃO

Pai celestial, peço-Te a graça de perdoar todas as pessoas em minha vida. Sei que Tu vais me dar a graça e a força para per- doar. Renuncio a todos os ressentimentos que tenho contra ti e perdôo-te quaisquer problemas, morte ou doenças que atingiram a mim ou à minha família. Sei que Tu não os enviaste como castigo e peço Teu perdão por ter Te acusado, pois Tu és todo o bem e todo o amor. Hoje entrego-me a Ti com fé e confiança. Tu me amas mais do que eu amo a mim mesmo (a) e queres a minha felicidade mais do que a desejo para mim mesmo (a).

Senhor Jesus Cristo, Tu és o Senhor da minha vida. Por favor, entra mais intimamente no meu coração. Ajuda-me a cooperar Contigo para tirar tudo o que bloqueia o fluxo do Teu amor ou que pode bloquear a ação do Teu Espírito Santo em mim e através de mim. Por favor, ajuda-me a me abrir para aceitar a graça de repousar em Teu sacratíssimo coração e permite-me ser amado(a) por Ti.

Senhor, porque me perdoaste, posso perdoar a MIM MESMO(A) por todos os pecados e falhas, por tudo o que acho que é mau em mim. Senhor Jesus Cristo, perdôo-me por toda busca ao ocultismo: pelo uso de objetos ditos "espirituais" e estranhos à doutrina da Igreja, pela leitura supersticiosa de horóscopos, pelo estudo de adivinhações astrológicas; pelo meu envolvimento com a necromancia, com a adivinhação, pela procura de mágicos, de adivinhos, de curandeiros, de feiticeiros; pelo uso de cristais, amuletos ou símbolos de qualquer espécie que não Te honram verdadeiramente. Senhor Jesus, eu também me perdoo por toda invocação de poderes que se opõem a Ti ou que não Te honram, junto a falsas seitas e religiões, videntes, santeiros, bruxas ou feiticeiros. Senhor Jesus Cristo, também perdoo a MIM MESMO(A) por não ter Te colocado como centro de minha vida, permitindo que outras pessoas ou coisas se tornassem meu deus. Perdoo a MIM MESMO(A) por ter tomado Teu santo Nome em vão, pelo uso de linguagem vulgar, pelos mexericos, pelo incentivo a boatos, por ter contado anedotas obscenas e por ter feito gestos ou comentários impuros. Perdoo a MIM MESMO(A) pelo uso de anticoncepcionais, por qualquer envolvimento em adultério, atividade sexual desordenada, por qualquer fornicação ou pecado contra a pureza. Senhor, eu me perdoo pelo abuso de álcool ou de drogas; pelo abuso de MIM MESMO(A) e de outros, especialmente de meu pai e minha mãe, de meus irmãos e irmãs, de meu cônjuge e de meus filhos. Perdôo-me por ter mentido, trapa- ceado, roubado ou por qualquer ato de violência que cometi, especialmente aborto. Senhor Jesus Cristo, entrego-Te toda a negatividade autodirigida. Confio-me inteiramente a Ti, peço Teu perdão e sinceramente me perdoo por não ter amado a MIM MESMO(A) e por não ter Te amado dentro de mim.

Senhor Jesus, perdoo à minha MÃE e ao meu PAI por todas as vezes que consciente ou inconscientemente me magoaram; por qualquer falta de afeição, de atenção, de comunicação, de amor, de apoio (emocional ou financeiro) ou de compreensão. Perdôo-lhes por terem dito, por meio de palavras ou atos, que eu não era desejado(a), mas sim, um acidente, uma carga, um erro, ou que não correspondia ao que esperavam de mim. Perdôo-lhes por terem abusado de bebida ou de drogas; por terem abusado emocional, física, sexual ou verbalmente um do outro, de meus irmãos ou de mim. Também perdoo ao meu pai e à minha mãe por terem me abandonado ou dado por adoção; por terem me criticado, embaraçado; por terem esperado demais de mim; por terem me julgado com severidade; por terem me manipulado ou controlado; por não me terem protegido quando precisei de proteção; por terem me punido injustamente; por terem me ofendido ou rejeitado; por terem mantido casos extraconjugais, divorciando-se ou casando-se novamente. Senhor Jesus, perdoo à minha mãe e ao meu pai, quero pedir-lhes perdão pelas vezes que eu os ofendi e magoei, e que Tu os abençoe no dia de hoje.

Perdoo às MINHAS IRMÃS e aos MEUS IRMÃOS por qualquer ato de desamor ou de negatividade. Perdôo-lhes pela rejeição a mim, pelas mentiras a meu respeito, pelas ofensas, pelas mágoas que sofri física ou emocionalmente, pela com- petição no amor de meus pais.

Também perdoo a todos os PARENTES (consanguíneos ou não) por qualquer interferência em meus negócios, em minha família ou em meus assuntos pessoais, por qualquer abuso ou expressão de negatividade. Rezo por todas essas pessoas e peço a bênção de Deus para cada uma delas.

Perdoo ao meu CÔNJUGE e aos meus FILHOS por qualquer falta de afeição, de comunicação, de consideração, de amor, de obediência, de respeito, de apoio ou de compreensão. Perdôo-lhes qualquer comportamento abusivo para com eles mesmos, para com os outros ou para comigo: por qualquer abuso de álcool ou de drogas; pelas brigas e discussões e por quaisquer ações que tenham me magoado e preocupado. Rezo por todos eles e peço a bênção de Deus para eles.

Perdoo aos meus AMIGOS e aos meus VIZINHOS por qual- quer falta de consideração ou de apoio; pelas fofocas sobre mim e sobre minha família; por qualquer prejuízo; por qual- quer empréstimo de dinheiro ou de outro bem não devolvi- do; por quaisquer atos indelicados ou incentivadores à conduta pecaminosa. Senhor Jesus, perdôo-lhes e peço que Tu os abençoes no dia de hoje.

Senhor Jesus, perdoo a todos os PADRES, RELIGIOSOS, BISPOS e ao PAPA por qualquer falta de bondade, amizade ou apoio. Perdôo-lhes pela mediocridade, por quaisquer comentários ou ações duras, sermões ruins, ensinamentos de má qualidade ou por qualquer mágoa que possam ter me infligi- do intencionalmente ou não.

Também perdoo a todos os PAROQUIANOS por qualquer falta de aceitação, por discriminação, mexerico ou ridicularização. Rezo por eles, Senhor, e peço a Tua bênção sobre eles.

Perdoo ao meu PATRÃO e a todos os patrões anteriores por não apreciarem o meu trabalho; por serem indelicados ou injustos, zangados ou pouco gentis; por não me promoverem; por não me elogiarem por meu trabalho ou por me dispensarem.

Também perdoo a todos os meus COLEGAS DE TRABALHO por mexericarem contra mim, por empurrarem seu trabalho sobre mim, por não cooperarem comigo, por competirem comigo no trabalho ou por tentarem infernizar a minha vida. Rezo por todos eles e peço a Deus que os abençoe.

Senhor Jesus, agora peço a graça de perdoar, através de um ato de vontade, **À PESSOA QUE MAIS ME MAGOOU** na vida, a quem eu afirmei que não poderia perdoar, a quem eu disse que jamais perdoaria, a quem me é mais difícil perdoar. Eu agora quero perdoar-lhe. Senhor Jesus, peço a Tua bênção para essa pessoa e para todos os meus inimigos, aqueles que me perseguem ou me desejam o mal.

Obrigado, Jesus, por me ajudares a me abrir ao dom e à graça, a aceitá-los e a corresponder a eles, de modo que possa começar a me sentir livre da falta de perdão.

Obrigado(a) Espírito Santo, por iluminares o meu coração e minha mente, por me revelares aqueles a quem preciso perdoar, por me dares a força para perdoar.

Obrigado(a) Pai celestial, por me amares incondicionalmente. Ajuda-me a amar como Tu amas e a perdoar como Tu perdoas.

Obrigado(a), Virgem Maria, Rainha da Paz e São José, por terem intercedido por mim juntamente com os Santos e os Anjos, meus protetores, diante da Santíssima Trindade. **Amém!**

*Uma ajuda*

Se você agora se sente melhor física, psicológica ou espiritualmente, é porque você acabou de ter uma experiência de cura através do perdão, e você deve estar se sentindo mais leve e tranquilo(a). Se não, recomendamos que reze diariamente esta oração durante trinta dias, da seguinte forma: Escreva num caderno: MINHA ORAÇÃO PESSOAL DE PERDÃO. A seguir, de acordo com o modelo da oração acima, vá copiando nela tudo aquilo que faz ou já fez parte de sua vida, e vá também colocando o nome das pessoas que você for perdoando; e exclua tudo aquilo que não faça parte de sua vida ou até acrescentando algo que não esteja nesta oração. Também mencione as pessoas que você ofendeu.

Perdoe e peça perdão a todas as pessoas com amor e tenha um coração puro e liberto. Em nome de Jesus e por Seu Sangue, peça perdão verdadeiramente a quem você ofendeu e reze por ele. Peça sempre ao Divino Espírito Santo que o(a) guie, que abra seu coração e sua mente cada vez mais para o perdão e para o amor. A folha escrita com sua Oração pessoal de perdão pode ser posta para Oração de Queima. Após trinta dias, procure um sacerdote, faça uma boa Confissão, e confiando sempre mais na misericórdia do Senhor Deus, Pai de Amor, comece uma vida nova!

## 74. LADAINHA DO PERDÃO

(*Obs.:* Pode ser rezada em substituição à Oração de Perdão.)

**Senhor Jesus,**

Por não responderes às minhas orações como eu desejo... *perdoo-Te.*

Por todas as dificuldades da minha vida...

Por todas as enfermidades da minha família...

Pelo falecimento de cada um daqueles que amo...

**Senhor Jesus, por todas as vezes que eu:**

Não te coloquei no centro de minha vida... **eu me perdoo.**

Usei Teu santo Nome em vão...

Não amei outras pessoas como Tu as amas...

Julguei, condenei, prejudiquei...

Fofoquei, menti, enganei ou dei continuidade a rumores...

Não aceitei ou não respeitei a mim mesmo(a) ou a outras pessoas...

Usei linguagem suja, contei piadas impuras...

Abusei do álcool ou das drogas, ou de remédios...

Usei ou promovi o uso de contraceptivos...

Envolvi-me em atos sexuais desordenados...

Forniquei, masturbei-me ou cometi adultério...

Violei qualquer pessoa, física ou sexualmente...

Pratiquei o aborto ou induzi alguém a praticá-lo...

Vi, usei ou dei materiais pornográficos...

**Senhor Jesus, ajuda-me a perdoar à minha mãe, através de um ato da minha vontade:**

Por ter me dito que fui um acidente, um peso, um erro... **eu perdoo à minha mãe.**

Por não me desejar ou me negligenciar...

Por entregar-me por adoção...

Por favorecer um dos filhos...

Por manipular, controlar ou reclamar...

Por julgar, condenar e criticar...

Por ser super protetora ou interferir...

Por não aceitar meus amigos, esposo(a) ou filhos...

Por abusar do álcool ou das drogas...

Por ter casos extraconjugais...

Por separar-se ou divorciar-se de meu pai...

Por casar-se de novo...

Por ficar doente ou morrer...

**Senhor Jesus, conceda-me a graça de perdoar a meu pai:**

Por criticar, envergonhar ou humilhar as pessoas... **eu perdoo a meu pai.**

Por ser violento ou castigar severamente...

Por abuso sexual, verbal ou emocional...

Por abusar do álcool ou das drogas...

Por jogar ou ser irresponsável financeiramente...

Por não dizer: "Eu amo você"...

Por favorecer um outro filho...

Por não me proteger...

Por ter casos extraconjugais... **eu perdoo a meu pai.**

Por abandonar a família...

Por separar-se ou divorciar-se de minha mãe...

Por casar-se de novo...

Por ficar doente ou morrer...

**Senhor Jesus, eu quero perdoar aos meus irmãos e irmãs:**

Por vingarem-se de mim ou me rejeitarem... **eu perdoo aos meus irmãos.**

Por gozarem de mim ou me criticarem...

Por competir no amor e na atenção de nossos pais...

Por discutirem, brigarem ou causarem escândalos...

Por abuso físico ou sexual...

Por serem irresponsáveis, beberem ou se drogarem...

Por não participarem das funções da família...

Por ficarem doentes ou morrerem...

**Senhor Jesus, ajuda-me a perdoar ao meu cônjuge, através de um ato de vontade:**

Por lidar de maneira incorreta com o dinheiro ou negligenciar o pagamento das contas... **eu perdoo ao meu cônjuge.**

Por não trabalhar ou trabalhar em excesso...

Por abusar do álcool ou das drogas...

Por mentir, jogar ou roubar...

Por abuso físico, sexual ou verbal...

Por não exercer suas responsabilidades paternais...

Por ter casos extraconjugais...

Por separar-se, desamparar-me ou divorciar-me de mim... **eu perdoo ao meu cônjuge.**

Por ficar doente ou morrer...

**Senhor Jesus, ajuda-me a perdoar aos meus filhos e netos:**

Por me envergonharem, humilharem ou desobedecerem... **eu perdoo aos meus filhos e netos.**

Por mentirem ou roubarem...

Por abusarem do álcool ou das drogas...

Por agirem irresponsavelmente...

Por me magoarem física ou emocionalmente...

Por serem desrespeitosos...

Por não me telefonarem ou visitarem...

Por violentarem alguém sexualmente...

Por serem viverem em práticas sexuais desordenadas...

Por fornicarem ou cometerem adultério...

Por terem filhos fora do casamento...

Por praticarem o aborto ou induzirem alguém a praticá-lo...

Por se casarem, divorciarem ou casarem de novo...

Por serem católicos não praticantes...

Por abraçarem outra religião...

Por ficarem doentes ou morrerem...

**Senhor Jesus, eu quero perdoar a meus familiares:**

Por interferirem, julgarem, mentirem ou condenarem... **eu perdoo a meus familiares.**

Por não me amarem, aceitarem e respeitarem... **eu perdoo aos meus familiares**

Por maus-tratos verbais ou físicos...

Por abuso emocional ou sexual...

Por magoarem a mim ou àqueles que eu amo...

**Senhor Jesus, conceda-me a habilidade de perdoar aos meus amigos:**

Por não me apoiarem ou ajudarem em momentos de dificuldade... **eu perdoo aos meus amigos.**

Por fofocarem ou criticarem...

Por me forçarem a fazer coisas que eu não queria...

Por cometerem adultério...

Por encorajarem comportamentos pecaminosos...

Por desaparecerem da minha vida...

**Senhor Jesus, por um ato de vontade, eu perdoo:**

Aos médicos ou enfermeiras... **eu os perdoo**

Aos advogados ou contadores...

Aos políticos, policiais ou bombeiros...

Aos militares...

Aos padres, bispos, cardeais e ao Papa...

Às freiras, aos irmãos, aos diáconos...

Aos patrões e aos colegas de trabalho...

**Senhor Jesus, eu desejo a graça de perdoar à pessoa que mais me magoou:**

Àquela a quem eu disse que jamais perdoaria... **eu per-doo a essa pessoa.**

À pessoa que me é mais difícil de perdoar...

A quem eu afirmei que não poderia perdoar...

Através de um ato de vontade *eu a* perdoo: por não me dizer "Sinto muito"...

Por ser indiferente ou desinteressada...

Por magoar a mim ou àqueles que eu amo...

**Credo, Pai-nosso, 3 Ave-Marias e Glória.**

## 75. TOCAI, CURAI E RESTAURAI

Jesus, no poder de Seu † Nome, peço agora que as águas do meu batismo fluam para trás através das gerações, através de todas as raízes da minha árvore genealógica. Que o Sangue de Jesus, purificador e vivificante, flua através de todas as gerações: primeira, segunda, terceira e todas as demais gerações. Que o Sangue de Jesus flua da Cruz passando dos pais aos seus filhos, tocando, curando e restaurando meus antepassados. Agora coloco a † Cruz de Jesus Cristo entre mim e cada geração de minha linha de família, e corto a transferência de todas as forças destruidoras da vida que operam contra mim, em mim ou através de mim. **Amém!**

".. porque isto é meu sangue, o sangue da Nova Aliança, derrama- do por muitos homens em remissão dos pecados." (Mt 26,28)

**Coração de Maria, bendito entre todos os corações...**

**rogai por nós!**

## 75A. ORAÇÃO PARA PEDIR A CURA DA ÁRVORE GENEALÓGICA

Ó Jesus, verdadeiramente Deus e verdadeiramente Homem, o Senhor herdou dos judeus os dons especiais de fé, de perseverança e de fortes laços familiares.

Mostra-me o dom que eu herdei e que o Senhor mais aprecia em mim (por exemplo: fé profunda, esforço. Medite uns instantes).

Deixe que eu me una ao Senhor no agradecimento a cada um dos membros da família que me deu esses dons.

Jesus, somente sua Mãe Santíssima nasceu sem pecado, e até de seu útero ela lhe deu amor perfeito.

Mostra-me uma ferida de minha árvore genealógica, que continua a me limitar (por exemplo: melancolia, perfeccionismo. Medite uns instantes).

Permita que eu me una ao Senhor enquanto o Divino Espírito Santo infunde a cura em mim e nos membros da família que me transmitiram essa ferida.

**Pai-nosso, Ave-Maria e Glória.**

## 76. PEÇO PERDÃO POR ELES, SENHOR!

Senhor Jesus, no poder de Teu Nome † e Sangue, venho diante de vós em favor de todos os de minha família que não estejam perfeitamente unidos a vós para que sejam libertos de seus pecados. Peço-vos perdão pelos pecados deles. Junto à minha, a oração de Daniel, quando intercedia por seu povo.

"Ah! Senhor Deus, grande e terrível, que guardas a aliança e a benevolência aos que Te amam e guardam os Teus mandamentos! Temos pecado, temos cometido iniquidades e impiedades, temos sido rebeldes, afastando-nos dos Teus mandamentos e estatutos. Senhor, nós e nossos reis, nossos ministros e antepassados estamos envergonhados de termos cometido faltas contra Ti.

Ó Senhor, nosso Deus, sois propenso à misericórdia e ao perdão, embora lhe tenhamos sido rebeldes. Nestas condições, ó nosso Deus, escuta as nossas orações e súplicas! Faze brilhar Tua face sobre nossos lares, em atenção a Ti mesmo, Senhor! Meu Deus, presta ouvidos e escuta, abre Teus olhos e repara em nossas devastações e na nossa família que é Tua; pois não é confiados nas nossas obras justas que apresentamos em Tua presença as nossas humildes súplicas, mas sim confiados nas múltiplas provas de Tua misericórdia. Senhor, escuta! Senhor, perdoa! Senhor, atende e passa à ação sem tardar, em atenção a ti, meu Deus! Pois nossa família e nossos familiares somos chamados por Teu nome, e em Jesus Cristo somos Teus filhos". **Amém!**

"Supliquei ao Senhor, meu Deus, e fiz-lhe minha confissão nestes termos"... (Dn 9,4).

**Coração de Maria, refúgio dos pecadores... rogai por nós!**

## 77. JESUS É O SENHOR

Senhor Jesus, coloco-me diante de Vós e peço perdão confessando, que meus antepassados podem ter-se envolvido com o ocultismo, feitiçaria, bruxaria e todas as formas de obter informação de fontes proibidas. No poder de Seu Nome † e Sangue, e no poder do Espírito Santo, assumo e uso a autoridade que me destes como cristão(ã) cheio(a) da unção de Seu Santo Espírito. Com essa autoridade eu agora quebro o poder do mal sobre meus antepassados. Quebro † todas as maldições, malefícios, encantamentos, desejos malignos, magia negra, e selos hereditários conhecidos e desconhecidos. Oro contra todos os votos satânicos, pactos, consagrações, servidões espirituais e laços com forças satânicas, e corto a transmissão desses laços através de minha linha de família. Oro contra o efeito de todas as ligações com ocultistas e clarividentes. Renuncio a toda participação em sessões de adivinhações, e jogos de ocultismo de qualquer tipo. Renuncio a todas as formas com as quais satanás possa ter in- fluência sobre mim. Corto a transmissão de todas as obras satânicas passadas através de minha linha de família. Senhor, por favor, removei de meus antepassados todos os efeitos de envolvimento com o ocultismo. Qualquer território entregue a satanás por meus antepassados, agora retomo e coloco sob o Senhorio de Jesus Cristo. Senhor, por favor, fazei surgir em minha linhagem homens e mulheres santos e piedosos, profundamente comprometidos com a Vossa verdade. **Amém!**

"Por isso Deus o exaltou soberanamente e lhe outorgou o Nome que está acima de todos os nomes, para que ao Nome de Jesus se dobre todo joelho no céu, na terra e nos infernos. E toda língua confesse, para a glória de Deus Pai, que Jesus Cristo é Senhor" (Fl 2,9-11)

**Coração de Maria, unido ao Coração de Cristo... rogai por nós!**

## 78. CURA NO CASAMENTO

No poder do Nome de Jesus Cristo †, oro contra todos os padrões de infelicidade matrimonial profundamente inseridos em minha família. Digo *NÃO* e clamo o Sangue de Jesus a toda supressão de cônjuge, e todas as expressões de desamor conjugal. Faço cessar todo ódio, desejo de morte, maus desejos e más intenções nos relacionamentos conjugais. Ponho um fim a toda transmissão de violência, a todo comportamento vingativo, negativo, à toda infidelidade e engano. Detenho toda transmissão negativa que bloqueia todos os relacionamentos duráveis. Renuncio a todas as tensões familiares, divórcio e endurecimento de corações, no Nome † de Jesus. Ponho um fim a todo sentimento de sentir-se preso na armadilha de um casamento infeliz e todo sentimento de vazio e fracasso. Pai, por Jesus Cristo, perdoai a meus parentes por todos os modos pelos quais possam ter desonrado o Sacramento do Matrimônio. Por favor, fazei surgir em minha linha de família, muitos casamentos profundamente comprometidos, cheios de amor, fidelidade, lealdade, bondade e respeito. **Amém!**

"As torrentes não poderiam extinguir o amor, nem os rios poderiam submergir..." (Ct 8,7a).

"Porque o amor de Deus foi derramado em nossos corações pelo Espírito Santo que nos foi dado" (Rm 5,5b).

**Coração de Maria, oferenda do amor... rogai por nós!**

## 79. CURA DAS CRIANÇAS

Senhor Jesus, no poder de Teu Nome †, clamo para que as crianças de minha família sejam lavadas no teu Sangue e libertas de todos os traumas, bloqueios e feridas causadas por aborto, nascimento prematuro e difícil, gravidez indesejada e anormal; rejeitadas e nascidas ou concebidas fora do casamento. Oro sobre toda desvalorização da vida e clamo que sejam lavadas no Teu Sangue e libertas de todas as experiências negativas de espancamento físico, torturas emocionais, abandono e abuso. Peço-Vos Senhor Jesus, que cures as feridas e detenhas esse domínio do mal.

Pai, peço-Vos perdão pelos atos de meus antepassados que fizeram mal às crianças. Fazei surgir em minha linha de família pessoas que amem suas crianças, as eduquem de maneira a vos adorar e glorificar e que as nossas crianças se sintam verdadeiramente amadas. **Amém!**

"Disse-lhes Jesus: Deixai vir a mim estas criancinhas e não as impeçais, porque o reino dos céus é para aqueles que se lhes assemelham" (Mt 19,14).

**Coração de Maria, morada do Verbo... rogai por nós!**

## 79A. ORAÇÃO POR UMA CRIANÇA ABORTADA
*(Carolyn Harney)*

Louvado seja Deus por seu amor bondoso, que vai além da nossa compreensão;

Por seu amor que concebeu você, uma criança perfeita, bela, única e plena,

Por seu amor que ansiava compartilhar com você as maravilhas da criação,

Por seu amor que esperou — o momento certo, os pais certos, você.

Mas algo aconteceu antes de você nascer.

O pecado deste mundo investiu contra sua pequena vida, enfraquecendo, ofuscando sua pequena centelha brilhante.

Deus tinha que decidir o caminho de mais amor: Curá-la nesta vida, e deixar que você nascesse;

Ou chamá-la para Ele — para segurá-la em seus braços e curá-la com um beijo.

É difícil para nós compreender por que Deus curou você da maneira que o fez.

Muitas vezes desejamos que você estivesse aqui; que não tivesse morrido tão cedo.

Então, por favor, peça que Jesus nos ajude a ver você através dos olhos dele:

Perfeito, livre e feliz, brincando ao lado de Jesus.

**Ave-Maria...**

## 80. CURA SEXUAL

Senhor Jesus, clamo no poder do Vosso Nome † um fim a todas as transmissões de pecados sexuais dos meus antepassados, corto todas as vias e digo *não* a todas as tendências para a exibição indecente, estupro, fornicação, molestamento, incesto, perversão e masturbação. Renuncio a toda bestialidade, masoquismo, sadismo, ninfomania, luxúria e prostituição em minha linha de família.

Detenho toda agressão sexual, desordens sexuais de personalidade, traumas sexuais e comportamentos sexuais desordenados. Ordeno no poder do Nome de Jesus † a todo demônio agarrado a esses padrões que agora se vá sob a Cruz de Jesus. Golpeio com a espada do Espírito Santo essa cadeia de males e quebro essas ligações. Pai, perdoai! Clamo o Sangue precioso de Nosso Senhor Jesus Cristo sobre toda a minha linha de família

Trazei saúde e restauração sexual onde havia enfermidade. Que minha linha de família brilhe com a beleza de uma sexualidade sadia. Que toda expressão sexual seja pura e agradável a Vós. Senhor, eu Vos bendigo, adoro e louvo. Muito obrigado por derramardes a Vossa luz, Vossa plenitude e Vossa bênção sobre toda essa área de minha árvore genealógica. **Amém!**

"Esta é a vontade de Deus: a vossa santificação; que eviteis a impureza; que cada um de vós saiba possuir o seu corpo santa e honestamente, sem se deixar levar pelas paixões desregra- das, como os pagãos que não conhecem a Deus" (1Ts 4,3-5).

**Coração de Maria, imaculado desde a criação... rogai por nós!**

## 81. CURA DE HÁBITOS COMPULSIVOS

Senhor Jesus no poder de Seu Nome † quebro agora os efeitos de hábitos compulsivos. Clamo o Sangue de Jesus a purificar e libertar todas as áreas de dependência dos vícios de: jogar, comprar, fofocar, mentir, beber, drogar-se; desmoralizar, criticar, julgar, trair o próximo; de roer unhas. Corto no Seu † poder todos os padrões de acumular e dilapidar recursos e talentos, venho contra a avareza e o furto. Pai, perdoai e libertai minha família da servidão a todo hábito compulsivo, com vossa misericórdia, graça e generosidade. **Amém!**

"Acaso não sabeis que os injustos não hão de possuir o Reino de Deus? Não vos enganeis: nem os ladrões, nem os avarentos... nem os assaltantes hão de possuir o Reino de Deus. Tudo me é permitido, mas nem tudo convém. Tudo me é permitido, mas eu não me deixarei dominar por coisa alguma" (1Cor 6,9.10.12).

**Coração de Maria, sede de misericórdia... rogai por nós!**

## 82. CURA MENTAL

Com o poder do Sangue de Jesus †, eu quebro os padrões de doença mental e insanidade codificadas em meu sistema ancestral. Venho contra todo comportamento anormal, antissocial, paranoia, esquizofrenia, padrões de agressividade e passividade, desordens da personalidade e hábitos nervosos. No poder do Seu Nome, Jesus †, venho contra toda inflexibilidade, perfeccionismo, padrões maníaco-depressivos e modos estranhos; também faço parar toda ferida e repressão da masculinidade e todas as formas de suprimir e prejudicar a feminilidade. Senhor, entre nestas áreas com Vosso perdão e Vossa paz. Pai, que a saúde e a integridade mental sejam cravadas na minha linha de família. Que cada um tenha a mente de Cristo. Que tenhamos o pensamento claro, o equilíbrio emocional e padrões sadios de relacionamento. Clamo ao Sangue de Jesus para nos lavar e a nos libertar de todos os sombrios padrões de opressões emocionais e espirituais e também a incapacidade de brincar, se divertir e expressar alegria. Eu vos peço, Jesus, que um espírito de alegria e de leveza se levante em minha linha de família. Senhor, eu te louvo e te agradeço desde já na certeza de me atender. **Amém!**

"Não vos conformeis com este mundo, mas transformai-vos pela renovação do vosso espírito, para que possais discernir qual é a vontade de Deus, o que é bom, o que lhe agrada e o que é perfeito" (Rm 12,2).

**Coração de Maria, segundo o coração do próprio Deus... rogai por nós!**

## 83. CURA DOS MEDOS

Senhor Jesus, no poder de seu Nome † poderosíssimo, ponho um fim, agora, a todos as formas de medo em minha árvore genealógica. Tomo autoridade sobre todo medo de rejeição e de fracasso. Senhor Jesus, na autoridade do teu Nome, digo **não** a todo medo de água, de multidões, de ficar sozinho, de sair sozinho, de Deus, da morte, de ficar no escuro, de deixar a casa, de espaços fechados ou abertos, de falar em público, de falar em voz alta, de falar a verdade, de tomar decisões, de dirigir, de altura, de voar, de insetos, de assaltos, de estupro, de sequestro, de perder um ente querido, de doenças, de ser humilhado, de confiar nas pessoas; a todo medo do sofrimento e da alegria.

Senhor, que minha família conheça, em todas as gerações, que não há medo no amor. Que Vosso perfeito amor encha de tal modo a história de minha família, que toda lembrança de medo deixe de existir. Eu Vos louvo e agradeço na certeza de ser atendido. **Amém!**

"No amor não há temor. Antes, o perfeito amor lança fora o temor, porque o temor envolve castigo e quem teme não é perfeito no amor" (1Jo 4,18)

**Coração de Maria, consolo dos aflitos... rogai por nós!**

## 84. SENHOR, FAZEI DE NÓS UMA FAMÍLIA

Senhor Jesus, † ressuscitado dos mortos e Senhor nosso, clamo que Tu laves com Teu Sangue toda a minha linha de família de todo rompimento, separação de família e de religião. No Teu poder † sejam bloqueados todos os fugitivos — crianças, adultos e anciãos — para casar, para entrar em seitas ou religiões contrárias à fé cristã; e que sejam dissolvidas todas as raízes de isolar-se, esconder-se e fugir. Pai, envolvei minha árvore genealógica com Vosso Coração amoroso e perdoador. Restaura minha hereditariedade dando-nos relacionamentos sadios em comunidade, que nos reunamos e que sejamos abertos e capazes de nos relacionarmos com intimidade e amor. **Amém!**

"Ó, como é bom, como é agradável os irmãos viverem juntos e unidos" (Sl 132,1).

**Coração de Maria, Rainha da paz... rogai por nós!**

## 85. CURA DE TODAS AS DOENÇAS

Senhor Jesus, suplicamos no poder de Teu Nome †, que está acima de todo Nome, que todos os padrões de enfermidade física transmitidos em minha linha de família, deixem de existir. Na Tua graça, Senhor, cortamos todos os laços de qualquer tipo de enfermidade: do coração, do sangue, desordens digestivas e da alimentação, câncer, úlceras e todas as tendências a formar tumores. Senhor, clamo que Tu coloques ordem em todas as **desordens femininas** (de menstruação, de desequilíbrio hormonal, infertilidade e frieza sexual) ou na **sexualidade masculina** (impotência e doenças infecciosas).

Clamo também, Senhor †, que Tu venhas contra todas as deformidades físicas, problemas de audição, imunodeficiências, doenças raras, olhos fracos, maus dentes e pés chatos. Também contra todas as enxaquecas, retardamento mental, problemas dos pulmões, artrite, doenças da pele e desordens ósseas. Renuncio e corto no poder de Jesus † toda transmissão de todas as desordens físicas, fraquezas inexplicáveis e todos os traumas que me atingiram geneticamente. Senhor, libertai-nos dos efeitos e de toda propagação desses caminhos de doenças, inseridos em minha linha de família. Pai, perdoai todos em minha família, que tiveram mania de doença como forma de evitar a vida e pelas maneiras como tentaram satisfazer necessidades pessoais de modos doentios.

Senhor, que um padrão de "escolher a vida" flua como rio através de minha linha de sangue. Eu Te louvo e Te agradeço, Senhor, pelas graças que Tu estás me concedendo. **Amém!**

"Onde quer que Jesus entrasse, fosse nas aldeias ou nos povoa- dos, ou nas cidades, punham os enfermos nas ruas e pediam-lhe que lhes deixassem tocar ao menos na orla de suas vestes. E todos os que tocavam em Jesus ficavam sãos" (Mc 6,56).

**Coração de Maria, saúde dos enfermos... rogai por nós!**

## 86. CURA DAS INJUSTIÇAS PELA MISERICÓRDIA

Senhor, estou na Tua presença clamando Tua misericórdia contra todos os padrões de injustiça em minha linha de família. Entrego aos pés da Tua Cruz † todos os canais genéticos de privação, escravidão, falso aprisionamento, supressão de todo tipo, pobreza e crime; toda injustiça política e social, rejeições social e racial; todos os laços de sofrimento, climas severos, ásperos e frios; toda fome e abandono, traição e vergonha pública.

Pai, envia o teu Espírito Santo transformador à minha linha de família, cura toda lembrança de dor e perdoa todas as pessoas que nos fizeram mal e que todos do meu sangue conheçam a justiça e condições sadias de vida, comida sufi- ciente, dinheiro suficiente, calor e abrigo e que tenham o necessário para viverem com dignidade. **Amém!**

"Já te foi dito, ó homem, o que convém, o que o Senhor reclama de ti: que pratiques a justiça, que ames a bondade, e que andes com humildade diante do teu Deus" (Mq 6,8).

**Coração de Maria, repleto de graça... rogai por nós!**

## 87. SERVIR A UM SÓ DEUS

Senhor Jesus †, clamo agora o Teu Sangue purificador sobre todas as idolatrias de todas as minhas gerações passadas, peço que Tu rompas em mim todos os elos que me prendem aos ídolos de casa, joias, meios de transportes, alimento, bebida, títulos, aparência, poder, pessoas, dinheiro, terras, animais e posses de qualquer tipo. Que minha árvore genealógica sirva apenas a Ti, Senhor Deus vivo e verdadeiro. **Amém!**

"Porque, quanto a mim, eu e minha casa serviremos o Senhor" (Js 24,15b).

**Coração de Maria, serva admirável... rogai por nós!**

## 88. CURA DA DOR DE SER DIFERENTE

Senhor Jesus, no poder de Teu Nome † eu renuncio a todos os efeitos de ser diferente da minha linha de família, tais como: cor dos olhos, altura, cabelo, jeito do corpo, cor de pele, gordura, magreza e talentos. Corto, Senhor, no Teu poder a transmissão de sofrimentos pela língua diferente, cultura, raça, cor da pele, problemas da pele, por sentir-se feio, ter pais diferentes, defeitos congênitos visíveis, deformidades e retardamentos. Pai, as respostas a estas e outras diferenças podem ter sido passadas através da linha da minha árvore genealógica. Senhor, por favor, detenha essa transferência e perdoa àqueles que causaram a dor e envia Teu amor, para que suba por toda minha linha de família, a fim de tocar, curar e restaurar. Senhor, eu Te louvo e Te agradeço pela Tua obra de recriar a minha família. **Amém!**

"Fostes vós que plasmastes as entranhas de meu corpo, vós me tecestes no seio de minha mãe. Sede bendito por me haverdes feito de modo tão maravilhoso" (Sl 138,13).

**Coração de Maria, esperança dos sofredores... rogai por nós!**

## 89. CURA DA LÍNGUA

Senhor Jesus, no poder de Teu Nome † clamo que Tu interrompas e libertes todas as desordens de comunicação: in- capacidade de comunicar-se, medo de falar alto, defeitos da fala e especialmente gagueira. Muito obrigado, Senhor, por curar o seu povo e creio que Tu estás recriando todo relacionamento e o tornando sadio e normal na Tua graça e derrubando toda expressão de ferir os outros verbalmente, toda blasfêmia, maledicência e fofoca e toda traição pela língua. Pai, perdoai e fazei que na minha linhagem surjam pessoas que comuniquem cura e restauração. Senhor, te louvo e agradeço porque Tu renovas tudo. **Amém!**

"Meus lábios e minha alma que resgatastes exultarão de alegria quando eu cantar a vossa glória. E, dia após dia, também minha língua exaltará vossa justiça" (Sl 70,23-24a).

**Coração de Maria, de afável ternura... rogai por nós!**

## 90. CURA DA DEPRESSÃO

"Alegrai-vos sempre no Senhor. Repito: alegrai-vos! Seja conhecida de todos os homens a vossa bondade. O Senhor está próximo. Não vos inquieteis com nada" (Fl 4,4-6a).

*Coração de Maria, causa da nossa alegria... rogai por nós!*
Amado Senhor, às vezes sinto-me tão deprimido (a) que não consigo nem rezar. Por favor, liberta-me deste cativeiro.

Eu Te agradeço, Senhor, pelo Teu poder libertador, e no poderoso Nome de Jesus † expulso de mim o maligno: espírito de depressão, de culpa, de falta de perdão e qualquer força negativa que tenha investido contra mim. Eu os amarro e expulso em Nome de Jesus †.

Senhor, arrebentai todas as cadeias que me prendem.

Jesus, peço-Te que voltes até o momento em que esta depressão me atacou e me libertes das raízes deste mal. Cura todas as minhas lembranças dolorosas. Enche-me com Teu amor, com a Tua paz, com a Tua alegria. Peço-Te que restaures em mim a alegria da minha salvação. Senhor Jesus, permite que a alegria jorre como um rio das profundezas do meu ser.

Eu te amo, Jesus, eu Te louvo. Traze ao meu pensamento todas as coisas pelas quais posso agradecer-Te. Senhor, ajuda-me a alcançar-Te e tocar-Te; a manter meus olhos postos em Ti, e não nos problemas. Eu Te agradeço, Senhor, por seres meu pastor, e me guiares até a saída deste vale sombrio. Glórias a ti! Aleluia!

(*Esta oração pode ser feita em intercessão, colocando-se o nome da pessoa por quem se reza.* "Senhor, às vezes... [*nome da pessoa*] sente-se tão deprimido[a]"...)

## 91. CURA PARA UMA MORTE FELIZ

Senhor Jesus, clamo a Vossa intercessão junto ao Pai, por todas as pessoas na história de minha família que morreram cedo, não amadas, não choradas, sem oração e sem amoroso enterro cristão. E a todos os que experimentaram mortes terríveis, dolorosas e horríveis — mortes por violência, por acidente, envenenamento, tiros, fogo, explosões, facadas, enforcamento, afogamento, atos de guerra ou morte por animais. Ergo agora até Vós, Senhor, meus antepassados que morreram mortes de suicídios. Senhor, cessa agora no Vosso poder † toda transmissão de tendência para mortes anormais e feias. Senhor, que Vosso amor misericordioso, que perdoa e cura, nos toque ternamente e que doravante todos conheçamos mortes cheias de amor e ternura; que experimentemos a transição da vida para a morte num contexto plenamente cristão. Pai, que ninguém em minha linha de família, de agora em diante morra sem ter conhecido pessoal- mente o Senhor Jesus Cristo. **Amém!**

"Disse-lhe Jesus: 'Eu sou a ressurreição e a vida. Aquele que crê em mim, ainda que esteja morto, viverá. E todo aquele que vive e crê em mim, jamais morrerá'" (Jo 11,25-26).

**Coração de Maria, porta do céu... rogai por nós!**

## 92. CURA ATRAVÉS DA HUMILDADE

"Reconhecei a vossa miséria, afligi-vos e chorai. Converta-se o vosso riso em pranto e a vossa alegria em tristeza. Humilhai-vos na presença do Senhor, e ele vos exaltará" (Tg 4,9-10).

Senhor humilde e manso de coração, ajuda-me a aprender a amar a humildade. Refreia minha língua para que eu não fale de mim mesmo. Acalmai-me em ocasiões em que esteja para tornar-me impaciente, descontente com minha sorte. Ajuda-me a pensar menos em mim mesmo e mais na Santíssima Trindade e em meus semelhantes. Ó Jesus, manso e humilde de coração, **tem piedade de mim.**

Do desejo de ser estimado, **livrai-me, ó Jesus.** Do temor de ser desprezado, **livrai-me, ó Jesus.** Do temor de ser recusado, **livrai-me, ó Jesus.** Do temor de ser difamado, **livrai-me, ó Jesus.**

Do temor de ser esquecido, **livrai-me, ó Jesus.** Do temor de ser ridicularizado, **livrai-me, ó Jesus**. Do temor de ser tratado injustamente, **livrai-me, ó Jesus**. Do temor de ser julgado suspeito, **livrai-me, ó Jesus**.

Que os outros sejam mais amados do que eu, **ó Jesus, concedei-me a graça deste santo desejo**. Que os outros cresçam na estima do mundo e que eu diminua, **ó**

**Jesus, concedei-me a graça deste santo desejo.** Que aos outros se dê mais confiança no trabalho e que eu seja deixado de lado, **ó Jesus, concedei-me a graça deste santo desejo.** Que os outros sejam louvados e eu negligenciado, **ó Jesus, concedei-me a graça deste santo desejo.**

Que os outros sejam preferidos a mim em tudo, **ó Jesus, concedei-me a graça deste santo desejo.** Que os outros se tornem mais santos do que eu, contanto que eu também me torne tão santo quanto puder, **ó Jesus, concedei-me a graça deste santo desejo.**

**Pai-nosso, Ave-Maria e Glória ao Pai. Coração de Maria, abismo de humildade... rogai por nós.**

## 93. ORAÇÃO DE PURIFICAÇÃO

Eu, em nome de Jesus, † ordeno que saiam de mim, de minha casa, de minha família (cônjuge, filhos, ...) e dos meus amigos de Comunidade, todas as forças espirituais do mal que possam ter nos contaminado, e ordeno que vão se prostrar aos pés da Cruz do Senhor Jesus e os proíbo de voltar.

Que saiam também agora, toda a fúria do inimigo e todo o dardo inflamado lançado contra nossos bens materiais, contra nosso organismo físico, contra nossa mente ou nosso espírito.

Neste momento, Senhor Jesus, eu me lavo com Teu sangue preciosíssimo, e também lavo Nele todas as pessoas que comigo convivem. Teu sangue seja para nós cobertura e proteção, e que o Divino Espírito Santo renove em cada um de nós Sua unção, Sua força e Seu poder. Pela poderosa intercessão da Virgem Maria, de seus Anjos e Santos. **Amém!**

"A Cruz Sagrada † seja minha luz! Não seja o dragão o meu guia! Retira-te satanás, nunca me aconselhes coisas vãs, é mau o que tu ofereces. Bebe tu mesmo o teu veneno!"

## 94. CURA DA INSÔNIA

"Apenas me deito, logo adormeço em paz, porque a segurança de meu repouso vem de vós só, Senhor."(Sl 4,9).

Senhor, Deus e Pai de misericórdia, em nome de Vosso Filho Nosso Senhor Jesus, venho vos pedir a restauração de todo meu ser, de minha integridade física e espiritual, e a libertação emocional e afetiva que tanto preciso...

Só vós conheceis o mais íntimo de mim e quando esta insônia começou. Vós podeis, pela graça de vosso Santo

Espírito, atingir as causas mais profundas desta insônia e das perturbações que tenho durante o sono.

Libertai-me das consequências deste mal, curando-me o cansaço, a insegurança, o medo e a tristeza, restaurando-me física, emocional e espiritualmente, como vosso(a) filho(a) que sou, para que eu possa vos amar sempre mais e vos servir com alegria cada dia de minha vida.

Obrigado, Pai!

**Pai-nosso e Glória ao Pai.**

## 95. ORAÇÃO PARA CURA FÍSICA

"Que o mesmo Deus da paz vos santifique totalmente. Que todo o vosso ser, espírito alma e corpo sejam conservados irrepreensíveis para a vinda de Nosso Senhor Jesus Cristo" (1Ts 5,23)

Jesus, Tuas mãos e Teus pés foram transpassados. Transpassado, também, foi o Teu lado. Tudo foi transpassado para que fôssemos curados, para que nosso corpo, templo do Espírito Santo, fosse purificado. Jesus, por causa da tua paciência nos sofrimentos, dá-nos a cura! Curai da impaciência nossos doentes e os que os socorrem. Tu sabes que no sofrimento perde-se a calma.

Devolve-nos o amor, para que possamos suportar a dor, como tu mesmo a suportaste.

Jesus, Filho de Davi, tende piedade de nós!

Jesus, sobre Tua cabeça recebeste a coroa de espinhos e duros golpes. Curai as dores que eu possa ter na cabeça, em virtude de Tuas chagas e da coroa de espinhos.

Jesus, Filho de Davi, tende piedade de nós! Fechaste os olhos. Devolvei a visão aos cegos. Jesus, Filho de Davi, tende piedade de nós!

Jesus, obedecias ao Pai, ouvias a Sua Palavra e O glorificavas com Teus lábios. Restitui-nos os ouvidos e a fala. Curai os surdos e os mudos.

Jesus, Filho de Davi, tende piedade de nós!

Jesus, por Tuas mãos e pés transpassados pelos cravos, cura toda espécie de paralisia. Abre, também, as mãos que se fecharam em punhos.

Jesus, Filho de Davi, tende piedade de nós!

Jesus, abriram o Teu peito e perfuraram o Teu coração. Cura o nosso coração enfermo, os distúrbios de circulação, as doenças do sangue, as enfermidades ósseas.

Jesus, Filho de Davi, tende piedade de nós!

Jesus, sofreste inocentemente. Rogo-Te pelos que padecem a indiferença daqueles que não têm coração e são prepotentes. Cura-os, Jesus!

Jesus, Filho de Davi, tende piedade de nós!

Maria, estamos contigo aos pés da cruz. Tu conheces nossas aflições, problemas, dores e os sofrimentos da nossa alma. Ó Mãe da consolação, quanto Te agradeço por não me achar sozinho! Obrigado por estares comigo na dor e na cruz.

Ó Maria, como Mãe carinhosa, envolvei-nos, preparai-nos, lavai-nos e purificai-nos, a fim de que estejamos prontos para servir Nosso Senhor e sejamos disponíveis entre nós.

**Pai-nosso, Ave-Maria e Glória ao Pai.**

A bênção da paz, do amor, da misericórdia e a bênção da saúde espiritual e física desçam agora da cruz sobre mim e sobre o mundo inteiro! Em nome do Pai, do Filho † e do Espírito Santo. **Amém!**

## 96. ORAÇÃO PARA CURA ESPIRITUAL

"... conta-se por toda parte como abandonastes os ídolos e vos convertestes a Deus, para servirdes ao Deus vivo e verdadeiro, e aguardastes dos céus seu Filho que Deus ressuscitou dos mortos, Jesus, que nos liberta" (1Ts 1,9-10)

Senhor Jesus, quero prostrar-me diante da maior prova do Teu amor por mim: Tua cruz redentora.

Reconheço todo meu pecado que pesou sobre o Teu corpo, fazendo com que Teu Sangue jorrasse para o perdão destes mesmos pecados.

Agora, apresento-os a Ti, deles arrependo-me.

Ó Jesus, peço-Te: perdoai-me por todo mal instalado no meu coração, toda raiz de ódio, inveja, gula, julgamento, maledicência, mentira, egoísmo, orgulho, vaidade, vícios e desregramentos, preguiça, avareza, sensualidade, soberba, impaciência...

Arrependo-me também de toda infidelidade a Ti, das vezes que busquei a solução para os meus problemas, em lugares onde não te professavam como único Deus, Senhor e Salvador.

Senhor, reconheço toda a minha fraqueza e peço-Te agora: dai-me a força do Teu Espírito, para que eu não volte mais a pecar. Libertai-me espiritualmente de todos os laços que me prendem ao mal, para que eu caminhe em santidade e possa contemplar um dia Tua face.

Jesus, tende piedade de mim!

Obrigado, Senhor, por Teu perdão.

Obrigado por Teu infinito amor.

Obrigado por Teu Espírito Santo.

**Pai-nosso, Ave-Maria e Glória.**

## 97. ORAÇÃO PARA PEDIR A FÉ

Senhor, eu creio; eu quero crer em Ti. Louvo-Te pelo dom da fé e reconheço que estou ainda longe de ter a mesma fé de Abraão e Sara, de Tobias, de tantos profetas e reis; e o quanto sonho em experimentar também a mesma fé da Virgem Maria.

Renovai em mim o dom da fé recebido no Batismo, confirmado na Crisma e reanimado em cada Eucaristia. Que eu viva alicerçado na Tua Palavra e que por ela me sinta exortado à fidelidade.

Diante de Tua presença, professo que creio, mas aumenta a minha fé.

Senhor, fazei que a minha fé seja *total, sem reservas*; que ela penetre no meu pensamento e na minha maneira de julgar as coisas divinas e as coisas humanas.

Senhor, fazei que minha fé seja *livre*, quero aceitar livremente Tua vontade com todas as renúncias e deveres que ela comporta.

Senhor, Tu disseste que felizes são os que creem sem ter visto. Dá-me a graça de crer, mesmo nos momentos em que não vejo caminho ou solução, reconhecendo que Tu és o caminho e a solução, sempre!

Senhor, fazei que minha fé seja *forte*. Que eu possa caminhar sobre águas revoltas e em Teu Nome eu possa remover montanhas; dai-me a fé que não vacila, que é garantia de vida eterna e que proclama Teu poder, agindo, curando e libertando.

Que eu não tema a oposição daqueles que contestam a fé, a atacam, a recusam e a negam; mas que minha fé se fortifique na experiência íntima da verdade, que ela resista ao desgaste da crítica, que ela ultrapasse as dificuldades cotidianas.

Dai-me a cada dia a graça de pronunciar Teu Nome com a fé que não só alimenta minha esperança, mas que já vê acontecer; que é poder. Que eu permaneça com os olhos fixos no Teu coração transpassado, para que, Te vendo, eu receba a salvação e a anuncie a todos.

Senhor, fazei que minha fé seja *alegre*, que ela dê paz e alegria à minha alma, que ela me torne disponível para rezar a Deus e para conversar com os irmãos.

Senhor, fazei que minha fé seja *atuante* e que seja também uma *contínua busca de Ti, um contínuo testemunho, um contínuo alimento de esperança.*

Senhor, fazei que minha fé seja *humilde*, que não se funda- mente em meu pensamento, e nem em meu sentimento; mas que me submeta sempre ao Espírito Santo, à tradição e à autoridade do magistério da Igreja.

Obrigado Senhor, creio que estais me renovando e já me sinto fortalecido no corpo, no espírito e na alma, porque, como a Virgem Maria, professo "que tudo é possível para aquele que crê." **Amém!**

*(Adaptação livre da Oração do Papa Paulo VI)*

## 98. ORAÇÃO A NOSSA SENHORA DO EQUILÍBRIO

Virgem Mãe de Deus e dos homens, Maria, pedimo-vos o dom do equilíbrio cristão, hoje tão necessário à Igreja e ao mundo.

Livrai-nos de todo o mal; salvai-nos do egoísmo, do desânimo, do orgulho, da presunção e da dureza de coração.

Dai-nos tenacidade no esforço, calma no insucesso e humildade no êxito feliz. Abri nosso coração à santidade.

Fazei que, pela pureza de coração, pela simplicidade e amor à verdade, possamos conhecer nossas limitações.

Alcançai-nos a graça de compreender e viver a Palavra de Deus.

Concedei-nos que, pela oração, amor e fidelidade à Igreja na pessoa do Sumo Pontífice, vivamos em comunhão fraterna com todos os membros do povo de Deus, hierarquia e fiéis.

Despertai-nos, profundo sentimento de solidariedade entre irmãos, para que possamos viver, com equilíbrio, a nossa fé, na esperança da nossa salvação.

Santa Maria do Equilíbrio, a vós nos consagramos, confiantes na ternura da vossa maternal proteção. Assim seja.

**Pai-nosso, Ave-Maria e Glória.**

## 99. VINDE, ESPÍRITO SANTO

Vinde, Espírito Santo, enchei os corações dos Vossos fiéis e acendei neles o fogo do Vosso amor.

Enviai o Vosso Espírito e tudo será criado, *e renovareis a face da terra.*

**Oremos:** Deus, que instruístes os corações dos vossos fiéis com a luz do Espírito Santo, fazei que apreciemos retamente todas as coisas, segundo o mesmo Espírito, e gozemos sempre da Sua consolação. Por Cristo, Senhor Nosso. **Amém!**

## 100. VINDE, ESPÍRITO
*Arc. Stephen Langton (+ 1216)*

Vinde, Espírito Santo, enviai do céu um raio da Vossa luz!

Vinde, Pai dos pobres! Vinde, ó distribuidor dos bens! Vinde, ó luz dos corações.

Vinde, Consolador supremo, doce hóspede e suave alegria das almas.

Ó luz beatíssima, inflamai no íntimo o coração de Vossos fiéis.

Sem a Vossa graça, nada há no homem, que se possa dizer inocente.

Lavai, pois, o que em nós é sórdido, regai o que é seco, sarai o que está enfermo.

Abrandai o que é duro, abrasai o que é frio, reconduzi o desviado.

Concedei a Vossos servos que em Vós confiam, o setenário de Vossos dons.

Dai-lhes o mérito da virtude, o Dom da graça final e o glorioso prêmio dos prazeres eternos. **Amém!**

## 101. A HORA DO ANGELUS

O Anjo do Senhor anunciou a Maria, *E ela concebeu do Espírito Santo...*

**Ave-Maria...**

Eis aqui a serva do Senhor,

*Faça-se em mim segundo a Vossa Palavra...*

**Ave-Maria...**

O Verbo Divino se fez carne, *E habitou entre nós...*

**Ave-Maria...**

Rogai por nós, Santa Mãe de Deus,

*Para que sejamos dignos das promessas de Cristo.*

**Oremos:** Infundi, Senhor, em nossas almas a Vossa graça, para que nós, que conhecemos pelo Anjo os mistérios da encarnação do Vosso Filho, cheguemos, pelos méritos de Sua Paixão e Morte, à glória da Ressurreição. Por Cristo Nosso Senhor. **Amém!**

**Glória ao Pai, ao Filho † e ao Espírito Santo, como era no princípio, agora e sempre. Amém!**

**Louvado seja Nosso Senhor Jesus Cristo, para sempre seja louvado.**

**Salve, Maria!**

Reinaldo Beserra dos Reis

# ORANDO POR NOSSOS Filhos

"Crê no Senhor Jesus, e serás salvo tu e tua família". (At 16,31)

Este Livro convida você a iniciar uma grande luta em defesa de seus filhos através da oração.

## +de 50 mil
exemplares vendidos para as famílias Brasileiras

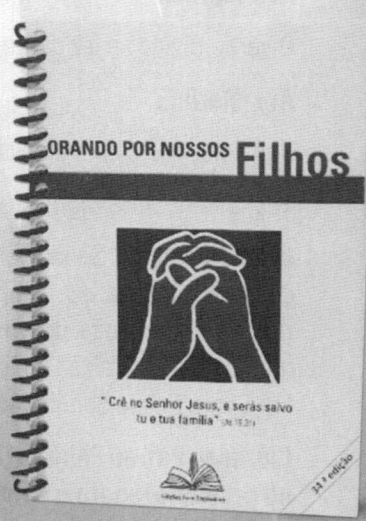

Fons Sapientiae

# Livraria Loyola
sempre um bom livro para você  .com.br

## Nossas lojas:

Loja Senador
Rua Senador Feijó, 120
Centro - São Paulo, SP
CEP 01006-000
Tel.: 55 (11) 3242-0449

Loja Quintino
Rua Quintino Bocaiúva, 234
Centro - São Paulo, SP
CEP 01004-010
Tel.: 55 (11) 3105-7198

Loja Santos
Rua Padre Visconti, 08
Embaré - Santos, SP
CEP 11040-150
Tel.: 55 (13) 3231-2474

Loja Campinas
Rua Barão de Jaguara, 1389
Centro - Campinas, SP
CEP 13015-002
Tel: 55 (19) 3236-3567

Televendas:
0800 77 20 756
ligação gratuita
vendas@livrarialoyola.com.br

## WWW.LIVRARIALOYOLA.COM.BR

**Distribuidora Loyola**
Ser distribuidor é ser parceiro do livreiro!

Central de Vendas (Atacado)
Rua Lopes Coutinho, 74 – Belenzinho
São Paulo/SP - CEP 03054-010
Tel.: 55 (11) 3322-0100
vendasatacado@distribuidoraloyola.com.br

## www.distribuidoraloyola.com.br

Este livro foi impresso em papel offset 80g, capa papel triplex 250g.

**Edições Fons Sapientiae**
é um selo da Distribuidora Loyola de Livros

Rua Lopes Coutinho, 74 - Belenzinho 03054-010 São Paulo - SP
T 55 11 3322 0100 | editorial@FonsSapientiae.com.br
www.FonsSapientiae.com.br